Manfred Osten

»Gedenke zu leben!
Wage es, glücklich zu sein!«
oder
Goethe und das Glück

Manfred Osten

»Gedenke zu leben!
Wage es, glücklich zu sein!«
oder
Goethe und das Glück

WALLSTEIN VERLAG

»Und fällt der Himmel ein,
kommt doch eine Lerche davon.«
(Goethe, *Sprichwörtlich*)

Für Ute

Inhalt

Einleitung

Weimar, 9. Oktober 1828. Eckermann, Goethes Vertrauter, notiert: »Diesen Mittag bei Tisch war ich mit Goethe und Frau von Goethe (Goethes Schwiegertochter Ottilie, geb. von Pogwisch) allein.« Man spricht über Musik und Italien. Ein Stichwort, das Goethe überraschend verbindet mit einem Glücks-Geständnis. Dass er nur »in Rom empfunden habe, was eigentlich ein Mensch sei. Zu dieser Höhe, zu diesem Glück der Empfindung bin ich später nie wieder gekommen.«

Kann man zur Höhe einer Glücksempfindung nur in Rom gelangen? Und war dies nur möglich am Vorabend jener Revolution in Frankreich, die Goethe als das »schrecklichste aller Ereignisse« empfunden hat? Ein Ereignis, das für ihn außerdem zeitlich sinnfällig wurde mit der industriellen Revolution: 1790 war er ihr zum ersten Mal im preußischen Bergbau in Schlesien begegnet in Gestalt der »Feuermaschine von Tarnowitz«.

Hat Goethe Glück nicht doch verstanden als eine Empfindung, die auch den Nachgeborenen bis in die Gegenwart offensteht? Allerdings als Glück im gleichzeitigen Bewusstsein des »Schrecklichsten«. Nämlich im Bewusstsein, dass beide Revolutionen der Moderne verstanden werden müssen als Prozess einer unaufhaltsamen Entgrenzung der Ungeduld und der Beschleunigung. Dass es also unmöglich sei, die »Dampfwagen zu dämpfen«. Und dass somit das Ziel der Aufklärung, das Glück der Autonomie des Menschen, durch den Prozess der Aufklärung, die permanente Beschleunigung, unter die Räder dieser »Dampfwagen« gerät. Mit dem Ergebnis der Selbstentfremdung des Menschen und einer Umwertung aller Werte. Die »Verzweiflung« über dieses Ergebnis hat Goethe in einem Brief vom 6. Juni 1825 seinem Freund, dem Komponisten Zelter in Berlin, offenbart mit den Worten: »Alles aber [...] ist jetzt ultra, alles transzendiert unaufhaltsam, im Denken wie im Tun. Niemand kennt sich mehr, niemand begreift das Element worin er schwebt und wirkt.«

Goethe ist der erste, der das »ultra« illusionslos erkennt als das zivilisations-dynamische Zentralproblem der Moderne: die Entfesselung der Ungeduld im Namen jener extremistischen Vernunft, die Mephisto meint mit dem Hinweis auf den Menschen: er brauche sie allein, um »nur tierischer als jedes Tier zu sein.« Es ist für Goethe das Zentralproblem der Moderne, weil es für ihn verbunden ist mit dem anthropologischen Unglück der Überforderung. »Es ist immer sein [des Menschen] Unglück, wenn er veranlaßt wird, nach etwas zu streben, mit dem er sich durch eine regelmäßige Selbsttätigkeit nicht verbinden kann.« (*Lehrjahre VI, Bekenntnisse einer schönen Seele*)

Gleichwohl blieb Goethe offenbar bis zuletzt ein zum Glück entschlossener Reservist der Verzweiflung. Einer Verzweiflung, der er stoisch widerstanden hat mit einer abgründigen Einsicht. Er hat sie festgehalten im »Beiwerk«, den *Paralipomena*, zum *Faust II*: »Jeder Trost ist niederträchtig / Und Verzweiflung nur ist Pflicht.« (*Faust II, Paralipomenon 83*)

Gezeigt werden soll, dass Goethe dieser Verzweiflungs-Pflicht immer wieder ein »Gedenke zu leben« entgegengehalten hat (*Lehrjahre VIII, 5*). Und Wilhelm Meister selbst wird aufgefordert: »Wagen Sie es glücklich zu sein« (*Lehrjahre VII, 9*). Interessanterweise hat sich aus diesen beiden Stellen die – vorgeblich – Goethe'sche Maxime »Gedenke zu leben! Wage es, glücklich zu sein!« gebildet, die diesem Buch den Titel gibt. Nun findet sich dieser Sinnspruch zwar so auch in verschiedenen Zitatsammlungen, auf Tassen und Schmuckkarten – in genau diesem Wortlaut allerdings taucht er nirgends in Goethes Werken auf. Dennoch, oder auch gerade weil diese beiden Aufforderungen eine solche Eigendynamik entwickelt haben und homunkulusartig zu einem gemeinsamen Leben als Maxime

Goethes gelangt sind, dienen sie dem vorliegenden Buch als titelgebende Quintessenz seines Denkens. Zeigt sie doch Goethes geheim-offenbare Strategie des »Überlebens«. Und zwar mit Hilfe einer bewussten Wahrung und Förderung physischer und geistiger Kräfte gegenüber allen Heimsuchungen der Miserabilität und der Verdüsterung. Etwa so, wie Goethe es als Beispiel zur Nachahmung im Sommer 1828 praktiziert, indem er das Glück eines Bildes mobilisiert: den »Regenbogen auf schwarzgrauem Grunde«. Und dies in Dornburg »bei dem schmerzlichsten Zustand des Innern« (*Brief an Zelter vom 10.7.1828*) nach dem Tod seines Großherzogs und Freundes Carl August.

Schon am 5. April 1824 hatte Goethe gegenüber Friedrich von Müller diese Strategie eines der Verzweiflung abgerungenen Glücks skizziert: »Wer nicht verzweifeln könne, müsse nicht leben; nur christlich sich ergeben, sei ihm [Goethe] das Verhaßteste.« Selten hat jemand so schonungslos die Verzweiflung zur Bedingung des (Weiter-)Lebens gemacht. Wobei mit Verzweiflung nichts anderes gemeint ist als Mut zu einer Illusionslosigkeit, vor der jeder Optimismus als Mangel an Information erscheinen muss. Selbst während seiner Italien-Reise (von September 1786 bis Juni 1788) hatte Goethe auf dem Gipfel des Glücks die Verzweiflung im Auge: »An unmöglichen Dingen soll man selten verzweifeln, an schweren nie.« (*Italienische Reise II, Paralipomena*)

Verbindet uns dies mit Goethe als unzeitgemäßem Zeitgenossen auch im 21. Jahrhundert? Gibt es bei ihm Hinweise, die auch heute noch verstanden werden können als Ermutigung zum (Weiter-)Leben durch Freisetzung von Glücksenergien gegenüber den Verzweiflungsanlässen der Gegenwart? Kant hat statuiert, in prekären Situationen gebe es eine Pflicht zur Zuversicht. Für Goethe gibt es die vorrangige Pflicht zu leben – als Voraussetzung für das Wagnis, glücklich zu sein.

Vor dem Hintergrund dieser vorrangigen Pflicht hat Peter Sloterdijk Goethe gegenüber dessen Kritiker Ortega y Gasset in Schutz genommen mit dem Argument: »Was Ortega nicht recht erfasst, ist Goethes intimes Dramen-Schema: da er als tot geborenes Etwas zur Welt gekommen war, erstickt und ›schwarz‹, konnte es für ihn Leben nur in der Form wiederhergestellten Lebens geben, eines Lebens, das sich immer wieder gegen die eigene schützende Erstarrung behaupten musste [...]. Seine [Goethes] sämtlichen Werke sind selbstgeburtliche Aufführungen über einer Urszene initialer Vernichtungen.« (*Peter Sloterdijk, Zeilen und Tage*)

Goethes Aufforderung »Wage es, glücklich zu sein!« ist daher neu zu lesen. Nämlich als Goethes Glücks-Wagnis im Kontext eines »intimen Dramen-Schemas«, mit dem Titel: »Gedenke zu leben.« Ein Titel von hoher Aktualität: Ortega hat in seinem Essay von 1932 (*Um einen Goethe von Innen bittend*) rückblickend auf die Goethezeit behauptet: »Der Mensch war ein Tier mit Klassikern.« Wenn heute der Mensch ein »Tier« ohne Klassiker ist, so gilt doch unverändert, dass er bis auf weiteres das Leben offenbar immer noch als das höchste Gut empfindet. Und dies in der Regel verbunden mit dem Wunsch, »glücklich zu sein«, um es zu erhalten und zu genießen.

Weshalb denn Goethe immer noch ein »Klassiker« ist. Denn Klassiker sind, wie es Martin Walser formuliert hat, diejenigen, die »beleben«. Was umso dringlicher erscheint, als schon Nietzsche (in der *Genealogie der Moral*) auf die gegenläufigen Tendenzen aufmerksam macht: »Seit Kopernikus scheint der Mensch auf eine schiefe Ebene geraten – er rollt immer schneller nunmehr vom Mittelpunkt weg – wohin? Ins Nichts?« Weshalb denn Nietzsche betont, dass vor diesem Hintergrund Goethe »in der Geschichte der Deutschen« als »ein Zwischenfall ohne Folgen« betrachtet werden darf (*Menschliches, Allzumenschliches*

II, 1886), der die belebende Ausnahme statuiert (*Vom Nutzen und Nachteil der Historie für das Leben, 1886*):

> Über Goethe hat uns neuerdings jemand belehren wollen, dass er mit seinen 82 Jahren sich ausgelebt habe: und doch würde ich gern ein paar Jahre des ›ausgelebten‹ Goethe gegen ganze Wagen voll frischer hochmoderner Lebensläufte einhandeln, um noch einen Anteil an solchen Gesprächen zu haben, wie sie Goethe mit Eckermann führte, um auf diese Weise vor allen zeitgemäßen Belehrungen durch die Legionäre des Augenblicks bewahrt zu bleiben.

Und dies verbunden mit der glücklichen Empfindung, dass ihm (Nietzsche) Goethe erschien »wie ein Grieche, der hier und da eine Geliebte besucht, mit den Zweifeln, ob es nicht eine Göttin sei.« (*Menschliches, Allzumenschliches II, 1879*)

Wobei Goethe sicherlich nicht die Göttin des *Fortunatus* im Auge hatte. Denn der glückliche Titelheld dieses 1509 in Augsburg erschienenen Volksbuchs, dem bereits alles nach dem Wohlfahrtsprinzip des »sofort« und »gratis« bewilligt wird, ist zwar inzwischen zum Leitbild eines »leichten Lebens« mit bedingungslosem Grundeinkommen geworden. Doch Goethe verstand unter »leicht« etwas anderes: Mephisto deutet es an im *Saal des Thrones* (*Faust II, 1. Akt*): »Zwar ist es leicht, doch ist das leichte schwer; / Es liegt schon da, doch um es zu erlangen / Das ist die Kunst, wer weiß es anzufangen?« Denn zumindest nachhaltig »erlangen« lässt sich das Glück offenbar nur mithilfe jenes »Fitnessprogramms«, das Goethe im *Buch des Parsen* (im *West-östlichen Divan*) andeutet: »Schwerer Dienste tägliche Bewahrung, / Sonst bedarf es keiner Offenbarung.« Gemeint sind damit vor allem die »schweren Dienste« eines Übungsglücks der Selbstverbesserung durch Mäßigung.

Glück ist also lernbar! Es erweist sich jedoch als ein nicht leicht zu hebender Schatz. Allerdings mit der überraschenden

Aussicht auf die Möglichkeit einer Verschränkung von Glück und Mäßigung. Goethe verspricht dieses Glück im *Wilhelm Meister*: »Der verständige Mann braucht sich nur zu mäßigen, so ist er auch glücklich« (*Wanderjahre II, 4*). Es ist ein Versprechen, das, bei Licht besehen, zugleich verbunden ist mit einer Notwendigkeit. Es ist die Einsicht, dass der Mensch notwendig unglücklich werden muss, wenn er es unterlässt, sich zu mäßigen. Das heißt, wenn er es unterlässt, die »Organe zu belehren« gegenüber allen extremistischen Neigungen. Denn es liegt – so Goethe – »ein Fluch der Natur« auf allen Übertreibungen (*Lehrjahre VIII, 9*). Damit macht Goethe darauf aufmerksam, dass der Mensch eigentlich zur Mäßigung »gezwungen« ist, wenn er das Leben erhalten und steigern will. Die freiwillige Bejahung dieser Notwendigkeit aber verspricht Glück. Goethe selbst begründet dieses Glück mit dem Hinweis auf die entscheidende Differenz zwischen Tier und Mensch: »Die Tiere werden durch ihre Organe belehrt […], die Menschen […] haben jedoch den Vorzug ihre Organe […] zu belehren« (*Brief an Wilhelm von Humboldt vom 17.3.1832*). Gemeint sind damit vor allem jene extremistischen Tendenzen der »Organe«, die schon Spinoza als »Affekte« bezeichnet hat. Und die es zu belehren gilt, um der Selbstzerstörung zu entgehen. Denn ohne Belehrung der »Organe« läuft der Mensch Gefahr, dass Mephistos Wort im *Prolog im Himmel* (*Faust I*) sich erfüllt: »Er nennt's Vernunft und braucht's allein, / Nur tierischer als jedes Tier zu sein.« Da aber der Mensch nun einmal den »Vorzug« hat, die »Organe« zu belehren, hat er für Goethe auch die Möglichkeit, sich zu mäßigen, um nicht nur nicht unglücklich zu werden, sondern sogar, um »glücklich zu sein«.

Ein durch Belehren und Übung gewonnenes Glück der Mäßigung also, das verstanden werden kann als Leistungsglück im Gegensatz zum leistungslosen Lottoglück in der Nachfolge des *Fortunatus*-Volksbuchs. Und nicht zufällig empfiehlt dieses Leistungsglück der Astrolog in der *Kaiserlichen Pfalz* (*Faust II*, *1. Akt, Weitläufiger Saal*). Er empfiehlt es einer Gesellschaft beginnender Maßlosigkeit mit der unverändert bedenkenswerten Option: »Wer Freude will besänftige sein Blut.«

Die Umrisse dieser und anderer Empfehlungen im Sinne unzeitgemäßer Übungen und Wagnisse, glücklich zu sein, sollen in diesem Buch skizziert werden. Und zwar als Glücksverheißungen eines »Regenbogens« des Glücks vor dem »schwarzgrauen Grund« der Verzweiflung. Gemeint ist damit auch das in Vergessenheit geratene Bewusstsein, dass Glücksmomente wiederholbar sind. Und zwar im Sinne der Wiederholbarkeit eines Übungen abgerungenen Glücks. Eine Wiederholbarkeit, zu der Goethe einlädt, obgleich Sigmund Freud behaupten wird: »Die Absicht, daß der Mensch glücklich sei, ist im Plan der Schöpfung nicht enthalten.« (*Das Unbehagen in der Kultur*)

Goethes Zuversicht steht freilich im Gegensatz zum notorisch unglücklichen Zeitgeist-Bewusstsein der Unwiederholbarkeit eines einmal erfahrenen Glücks. Eine Blindheit gegenüber dem Glück, die der Moderne von der »Sorge« (*Faust II*, *5. Akt, Mitternacht*) als Fluch prophezeit wird: »Die Menschen sind im ganzen Leben blind,« mit der abgründigen, an Faust gerichteten Ergänzung (indem sie ihn anhaucht und erblinden lässt): »Nun Fauste! werde dus am Ende.« Am Ende von Fortschritt und Wachstum droht also im Schatten der Intelligenz die Blindheit der Glücksvergessenheit als sekundäre Torheit des Menschen, der sein Leiden nicht bemerkt, sondern ein Leben lang in stiller Verzweiflung lebt.

Es ist der französische Philosoph Gaston Bachelard, der im Abstand von mehr als einem Jahrhundert nach Goethe noch einmal die Wiederholbarkeit glücklicher Momente postuliert. Das heißt, er wagt es, jene Empfindung beim Namen zu nennen, die auch Goethe mobilisiert hat gegen den »schwarzgrauen Grund« der Verzweiflung: »In seinem Kerne ist alles Dasein Wohlsein.« (*Die Poetik des Raumes*, *1957*)

Wobei für Goethe vor dem »schwarzgrauen Grund« der Verzweiflung sich jeder Trost als »niederträchtig« erweist. Gemeint sind damit vor allem die mit Blick auf die seit der Französischen und der industriellen Revolution irreversibel in Gang gesetzten Prozesse von »ultra«-Tendenzen der Ungeduld. Und dies im Dienste von Utopien des Fortschritts, die Goethe als Dystopien erkennt: »Ja, schelte nur und fluche fort, / Es wird sich Beßres nie ergeben; / Denn Trost ist ein absurdes Wort; / Wer nicht verzweifeln kann, / der muß nicht leben« (*Sprichwörtlich*). Eine »schwarzgraue« Empfehlung, die Goethe verschränkt hat mit seiner eigenen Entfaltung einer Krisenphänomenologie des 21. Jahrhunderts avant la lettre. Diese kann zugleich verstanden werden als Antizipation des Bewusstseins einer Jugend, die zum ersten Mal ahnt, dass von der Zukunft keine Gewinne, sondern nur noch Verluste zu erwarten sind.

Es ist der Beginn der Einsicht in jene fatale Ambivalenz des Fortschritts, die Franz Kafka in der Parabel *Der Aufbruch* andeutet. Dort fragt der Diener: »Wohin reitet der Herr?« Der Herr antwortet: »Ich weiß es nicht, nur weg von hier, nur weg von hier. Immerfort weg von hier, nur so kann ich mein Ziel erreichen.« Kafka hat bei seinem Besuch in Weimar nachts die Steine des Goethehauses gestreichelt. Ahnte er, dass Goethes Verzweiflung sich nicht in Tröstungen gerettet hat? Dass er den Blick jenes neuen Engels der Geschichte ausgehalten hat, der weiß, dass in der Zukunft die Enttäuschung wartet? Eine Enttäuschung, die trotzdem statuiert: »Wage es, glücklich zu sein«?

Beim Versuch, im 185. Jahr nach Goethes Tod den heutigen Leser auf dieses Goethe'sche Glücks-Wagnis aufmerksam zu machen, habe ich mich leiten lassen von seiner Maxime »›Was willst du, dass von deiner Gesinnung / Man dir nach ins Ewige sende?‹ / Er gehörte zu keiner Innung, / Blieb Liebhaber bis ans Ende« (*Zahme Xenien I*). Eine Liebhaber-Maxime, die den Vorteil hat, den Satz Goethes ernst nehmen zu dürfen: »Wer mich nicht liebt, der darf mich nicht beurteilen.«

Geholfen hat auch die Einsicht Nietzsches, dass der »Deutsche« sich versteht »auf die Schleichwege zum Chaos« (*Jenseits von Gut und Böse*). Vor diesem Hintergrund galt es, Goethes »Schleichwege« in die umgekehrte Richtung zu zeigen. Und dies angesichts »schwarzgrauer« Gründe und Abgründe, derer Konturen inzwischen sichtbarer geworden sind.

Der eilige Leser sei allerdings gewarnt. Es sind – wie angedeutet – »Schleichwege«, die nicht in Richtung eines leistungslosen Glücks führen. Es gilt vielmehr, das offene Geheimnis zu erkennen, wie sich » Verdienst und Glück verketten«. Im Sinne der dreifachen aphoristischen Empfehlung Goethes: »Ergründe, ergrabe, ergreife das Glück, / Entflohen, Entflogen, kommt's nimmer zurück.« Das heißt: auch das Glück kennt seine »Lehrjahre«. Und genau dort, in den *Lehrjahren*, findet sich denn auch der entsprechende Lehr-Plan, den es zu beherzigen gilt: »Jeder hat sein eigen Glück unter den Händen, wie der Künstler eine rohe Materie, die er zu einer Gestalt umbilden will. Aber es ist mit dieser Kunst wie mit allen; nur die Fähigkeit dazu wird uns angeboren, sie will gelernt und sorgfältig ausgeübt sein.« (*Lehrjahre I, 17*)

1. Kapitel
Das Glück der Aufmerksamkeit

In *Wilhelm Meisters Lehrjahre* findet sich der Hinweis, dass das Glück »die Göttin der lebendigen Menschen« sei (*I, 10*). Um ihre Gunst zu gewinnen und zu empfinden, müsse man leben und Menschen sehen, »die sich recht lebendig bemühen und recht sinnlich genießen«. Beim (in der Einleitung erwähnten) Fortunatus des Augsburger Volksbuchs kann allerdings von einem recht lebendigen Bemühen nicht die Rede sein. Begegnet er uns doch dort als ein Jüngling aus Zypern, der sich elend verlaufen hat, auf einer Waldlichtung in Thüringen. Und eben dort erscheint ihm die Jungfrau des Glücks!

Goethe, der in Thüringen seine zweite Heimat gefunden hatte, hielt allerdings nichts vom leichtsinnigen Glauben, es genüge, sich zur rechten Stunde im richtigen Wald zu verirren, um dort die Schätze des Glücks zu heben. Die Jungfrau, der Fortunatus begegnet, hatte hiervon sechs im Angebot. Sie waren ihr durch eine »Einfließung des Himmels« verliehen: Weisheit, Stärke, Gesundheit, Schönheit, langes Leben und Reichtum. Fortunatus entscheidet sich für den Reichtum. Eine Entscheidung, deren Folgen Goethe 1825 festhält im Zeichen zusätzlicher Angebote der neuen »Glücksjungfrau«: der industriellen Revolution. Ihre drei neuen Angebote hat Goethe am 6. Juni 1825 in einem Brief an Zelter beim Namen genannt: »Reichtum und Schnelligkeit« sowie »alle mögliche Fazilitäten der Kommunikation«. Es sind Angebote, denen, wie er Zelter schreibt, die gesamte »gebildete Welt« verfallen sei, um »in der Mittelmäßigkeit zu verharren«. Eine »Mittelmäßigkeit«, deren weitere Entwicklung dann Grillparzer skizziert hat. Grillparzer, dem Goethe erschienen war »halb wie ein Vater«

und »halb wie ein König«. Im Gedicht *Die Kronenwächter* hat er diesen weiteren Gang der »Mittelmäßigkeit« beschrieben. Sie gehe »von der Humanität über die Nationalität zur Bestialität«.

Auch das Profil des Fortunatus-Jünglings dieser neuen Welt der »Mittelmäßigkeit« kennt Goethe bereits (*November 1825 in einem zurückgehaltenen Briefkonzept an seinen Großneffen, den Juristen Nicolovius in Berlin*):

> Es begegnet mir von Zeit zu Zeit ein Jüngling an dem ich nichts verändert noch gebessert wünschte; nur macht mir bange, daß ich manchen vollkommen geeignet sehe im Zeitstrom mit fortzuschwimmen, und hier ist's, wo ich immerfort aufmerksam machen möchte: daß dem Menschen in seinem zerbrechlichen Kahn eben deshalb das Ruder in die Hand gegeben ist, damit er nicht der Willkür der Wellen, sondern dem Willen seiner Einsicht Folge leiste.
>
> Wie soll nun aber ein junger Mann für sich selbst dahin gelangen, dasjenige für tadelnswert und schädlich anzusehen, was jedermann treibt, billigt, fordert; warum soll er sich nicht und sein Naturell auch dahin gehen lassen? [...]
> So wenig nun die Dampfwagen zu dämpfen sind, so wenig ist dies auch im Sittlichen möglich: die Lebhaftigkeit des Handels, das Durchrauschen des Papiergeldes, das Anschwellen der Schulden, um Schulden zu bezahlen, das alles sind die ungeheuern Elemente, auf die gegenwärtig ein junger Mann gesetzt ist. Wohl ihm, wenn er von der Natur mit einem mäßigen ruhigen Sinn begabt ist.

Goethe hat sie früh erkannt, die »ungeheuren Elemente« und Folgen der Fortunatus-Entscheidung für den Reichtum. Und er hat bewusst gegen diese Entscheidung des Zeitgeistes empfohlen, sich dennoch »recht lebendig« zu bemühen, um die Gunst der wahren Glücks-Göttin. Da aber ein recht »lebendiges« Bemühen gemeint ist, kann offensichtlich das Glück nur übend gewonnen werden. Goethe hat dieses Übungs-Glück jedenfalls gerühmt als das verlässlichste Bollwerk gegen alle Verdüsterungen des Lebens bis ins hohe Alter. Was damit konkret gemeint ist, das findet sich in *Wilhelm Meisters Wanderjahren (I, 6)*. Dort lautet es kurz und bündig: »Aufmerksamkeit ist das Leben!« Und da es das Leben ist, muss die Aufmerksamkeit denn auch ein Leben lang geübt werden. Goethe lädt ein zu diesen Übungen – mit der Aussicht auf große Belohnung: »denn das ist eben die Eigenschaft der wahren Aufmerksamkeit, daß sie im Augenblick das Nichts zu Allem macht« (*Wanderjahre I,* 2). Ein Verwandlungsglück also. Und ein Glück, das auch heute noch jedem zugänglich ist.

Es ist allerdings ein Glücksgeheimnis, dessen Beherzigung inzwischen schwieriger geworden ist aufgrund einer fundamentalen Perversion des Aufmerksamkeitssystems durch die Medien und deren Prioritäten-Setzung. Denn »schreiben wir es auf die Seite Eins, belohnen wir das Verbrechen. Das Wertvollste, das wir haben, sind unsere Aufmerksamkeit und unsere Empathie. Beides dürfen wir nicht ausgerechnet für die größten Gemeinheiten verausgaben« (*Peter Sloterdijk, Zeilen und Tage*). Ein Aufmerksamkeitsproblem, das bereits im 19. Jahrhundert Friedrich Nietzsche bemerkt, wenn er mit Blick auf Richard Wagner festhält: »In seiner Kunst ist auf die verführerischste Art gemischt, was heute alle Welt am nötigsten hat – die drei großen Stimulantia der Erschöpften: das Brutale, das Künstliche und das Unschuldige (Idiotische).« (*Der Fall Wagner, 1888*)

Erst recht aber ist es Faust, dem Aufmerksamkeitsübungen fremd sind, da er die Geduld verflucht. Von der Verführung Gretchens bis zur Ermordung von Philemon und Baucis zieht sich die Schleifspur seiner »Verbrechen« der Un-Aufmerksamkeit. Ganz im Gegensatz zu Lynkeus, dem Türmer (im Schlussakt der *Faust*-Tragödie). Er hat die Organe des Aufmerkens entwickelt zu achtsamen, »glücklichen Augen«, weil er geübt hat, lange und konzentriert aufzumerken: in die Ferne und in die Nähe. Mit dem Ergebnis eines glücklichen Welt- und Selbstverständnisses. Er sieht in allem die »ewige Zier« und das darin gründende Glück der Selbsterfahrung: »Ich blick in die Ferne, / Ich seh in der Näh, / […] / So seh ich in allen / Die ewige Zier / Und wie mir's gefallen, / Gefall ich auch mir.« (*Faust II, 5. Akt, Tiefe Nacht*)

Das vielleicht prägnanteste Beispiel für das Glück der Achtsamkeitsübungen sind Goethes eigene Versuche in der Kunst des Zeichnens. Es ist jene Übungswelt der Aufmerksamkeit, für die Goethe sogar gefordert hat: »Wir sollten weniger sprechen und mehr zeichnen« (*Gespräch mit dem Schriftsteller und Erzieher Johann Daniel Falk am 14.6.1809*). Immerhin circa 1.800 Beispiele intensiven Aufmerkens auf die nächsten Dinge hat er hinterlassen. Es sind Handzeichnungen, die Goethe gefertigt hat nach dem Grundsatz seines Vaters: Zeichnen müsse jedermann lernen. Und er hat es gelernt mit dem Fazit: »Es [das Zeichnen] entwickelt und nötigt zur *Aufmerksamkeit* und das ist ja doch die höchste aller Fertigkeiten und Tugenden.« (*Gespräch mit Friedrich von Müller am 30.11.1816*)

Und wenn Goethe gegenüber Eckermann gesteht, er sei nur in Italien zur Höhe der Glücksempfindung gelangt, so ist dieses Glück nicht zuletzt dem Zeichnen und der hierdurch gesteigerten Aufmerksamkeit geschuldet. Einer Aufmerksamkeit, die ihre Gegenstände überall findet mit Glücksempfindungen, die Goethe für Charlotte von Stein festgehalten hat: »Du weißt, was die Gegenwart der Dinge zu mir spricht, und ich bin den ganzen Tag in einem Gespräch mit den Dingen« (*Tagebuch der italienischen Reise für Frau von Stein, 1786, 3. Stück*). Und er wird nicht müde, sie aufzuzählen: »Paläste und Ruinen, Gärten und Wildnis, Fernen und Engen, Häuschen, Ställe, Triumphbögen und Säulen«. Alle, auch die geringsten Dinge, nennt er beim Namen: Pflanzen, Zweige und Blätter, sogar »Hüte, Mützen und Federn«. Sie alle gehören zum Kompendium einer Schule der Aufmerksamkeit, die es erlaubt, »alle Dinge wie sie sind zu sehen und abzulesen«. Und dies alles, um »im Stillen höchstglücklich« zu sein *(Italienische Reise, Rom 10.11.1786)*. Was damit gemeint ist, lässt sich schließlich an zwei Zeilen ermessen. Sie seien stellvertretend für viele genannt als poetisches Resultat dieser Schule der Aufmerksamkeit, die zum Nacheifern einlädt: »Ein weißer Glanz ruht über Land und Meer. / Und duftend schwebt der Äther ohne Wolken.« (*Nausikaa-Fragment*)

Aber die bereits erwähnte Glücksgöttin verlangt – wie gesagt – nicht nur, das Glück der Aufmerksamkeit zu üben. Es muss gleichzeitig auch das Glück geübt werden, »recht sinnlich genießen« zu können. Das gilt auch für das Glück des Genießens der Aufmerksamkeit beim Zeichnen. Goethe hat dies im genannten Gespräch mit J.D. Falk enthusiastisch geschildert: »Die Seele musiziert, indem sie zeichnet, ein Stück von ihrem innersten Wesen heraus.«

Ein Glück des Genießens, das Goethe generell im *West-östlichen Divan* fordert: »Nun in allen Lebensreihen / Müsset ihr genießen können« (*Buch des Sängers*). Es genügt also nicht nur das konzentrierte Aufmerken auf den Gegenstand. Es muss noch etwas hinzukommen: das Genießen des Augenblicks der Aufmerksamkeit. Eine offensichtlich schwierige Glücksübung, die Goethe 1810 gegenüber Zelter – nicht ohne Resignation – erläutert: »Die Menschen begreifen niemals, dass schöne Stunden [...] im Fluge genossen werden müssen.«

Wie aber lassen sie sich »im Fluge genießen«? Welche geistig-seelische Disposition ist die richtige Voraussetzung, um genießen zu können? Sicherlich nicht der Blick auf Versäumtes. Goethe blickt in eine ganz andere Richtung. Er deutet sie an in einem Gedicht mit langem Titel: *Antworten bei einem gesellschaftlichen Fragespiel*. Was er dort beim Namen nennt, ist die Formel für das, was er als »das größte Glück des Lebens« bezeichnet: ein »guter leichter Sinn«. Es überrascht daher auch nicht, dass Goethe diese Formel als »Lebensregel« bezeichnet. Und indem er 1814 diesen Begriff als Titel eines Gedichts wählt, gelingt ihm hierbei so etwas wie eine Phänomenologie des »größten Glücks des Lebens«. Und zwar im Zeichen eines Genießens schöner Stunden »im Fluge«. Hier die Übungsfelder, über die man zum Superlativ des Lebensglücks gelangen kann (*aus der Zeitschrift »Chaos«*):

Lebensregel

Willst Du Dir ein gut Leben zimmern,
Mußt um's Vergangne Dich nicht bekümmern,
Und wäre Dir auch was verloren,
Erweise Dich wie neu geboren;
Was jeder Tag will? sollst Du fragen,
Was jeder Tag will wird er sagen!
Mußt Dich an eignem Tun ergötzen,
Was Andre tun, das wirst Du schätzen;
Besonders keinen Menschen hassen,
Und das Übrige Gott überlassen.
Zum 25ten Oktober 1828

2. Kapitel
Das amoralische Glück

Unter den »Lebensregeln« des »guten leichten Sinns« findet sich die Aufforderung: »Erweise dich wie neugeboren«. Eine Lebensregel, die auf jene Göttin hinweist, von der Goethe bekannt hat, sie sei die einzige Göttin, die er anbete: die Gegenwart. Sie ist für Goethe tief verschwistert mit dem Glück, sich immer wieder als »neugeboren« zu empfinden: durch Aufmerksamkeit und Genießen. Es ist allerdings eine Göttin, mit der sich das Leben nur dann genießen lässt, wenn man sie zugleich erkennt als das Zentrum, in dem sich Herkunft und Zukunft verschränken: »Ich rief im stillen mir das Vergangene zurück, um, nach meiner Art, daran das Gegenwärtige zu prüfen und das Künftige daraus zu schließen, oder doch wenigstens zu ahnen« (*1804, Tag- und Jahreshefte*). Der Blick allein auf das Vergangene genügt jedenfalls nicht. Oder wie Goethe es mit Blick auf die Romantiker formuliert hat: »Allein, wer bloß mit dem Vergangenen sich beschäftigt, kommt zuletzt in Gefahr, das Entschlafene, für uns Mumienhafte, vertrocknet an sein Herz zu schließen.« (*Schriften zur Literatur, Klassiker und Romantiker in Italien*)

Ja, Goethe hat sogar die Behauptung gewagt, dass es zum Glück einer geistigen Neugeburt gehört, sich vom Vergangenen loszusagen. Faust jedenfalls praktiziert dies mit Erfolg zu Beginn des zweiten Teils der Tragödie. Eine Verweigerung gegenüber dem Vergangenen, die freilich kontrastiert zur im Nachkriegsdeutschland geforderten Notwendigkeit der »Vergangenheitsbewältigung«. Goethes Held leistet jedenfalls dort genau das nicht, was moralisch von ihm erwartet wird: die »Trauerarbeit«. An die Stelle der Schuldeinsicht als Bedingung der moralischen Würde des Menschen tritt bei ihm das »amoralische« Glück einer »Neugeburt«, die Goethe selbst als »hohe Gottesgnade« der menschlichen Natur empfunden hat: die Gewissensentlastung durch Vergessen.

Faust erfährt dieses Glück in Gestalt eines hypnotischen Heilschlafs. In *Anmutiger Gegend*, im »Tau aus Lethes Flut« (*Faust II, 1. Akt*) verschwindet die Schleifspur seiner Verbrechen der Vergangenheit. Ein Glück des Vergessens, das Goethe auch für sich selbst in Anspruch genommen hat mit der Begründung, »daß mit jedem Atemzug ein ätherischer Lethestrom unser ganzes Wesen durchdringt, so daß wir uns der Freuden nur mäßig, der Leiden kaum erinnern. Diese hohe Gottesgabe habe ich von jeher zu schätzen, zu nützen und zu steigern gewußt.« (*Brief an Zelter vom 15.2.1830*)

Der »ätherische Lethestrom« des Vergessens also sogar als »Gottesgabe«. Eine »Gottesgabe«, die allerdings nur dem Glück verheißt, der den Aphorismus beherzigt: »Wir alle leben vom Vergangenen und gehen am Vergangenen zugrunde.« (*Maximen und Reflexionen, 94*)

Wenn Goethe hier ein Zuviel an Vergangenheit ablehnt, so gilt dies bei ihm auch für jedes Zuviel an Zukunft. Ja, er hat dieses Zuviel an Zukunft offensichtlich empfunden als das unglückliche Bewusstsein der Moderne überhaupt. Es kündigt sich an im Schlussakt der *Faust*-Tragödie in der bereits in der Einleitung erwähnten Gestalt der »Sorge«. Bedeutete doch die industrielle Revolution eine extreme Neuorientierung des Bewusstseins in Richtung einer von Wachstums- und Fortschrittssorgen gespeisten Zukunft. Womit auch die Sorge bereits wirkmächtig werden konnte als Zentralbegriff moderner Kapitalrentabilität: »The Return on Investment«.

Die Sorge als die Unglücks-Furie, die den Menschen mit Blindheit schlägt und ihm das Glück der Gegenwart verweigert. Hier im Schlussakt der *Faust*-Tragödie vollendet sie ihr Werk. Sie lässt auch Faust erblinden. Und sie nennt gleichzeitig die Unglücks-Wahrheit der Moderne beim Namen: »Die Menschen sind im ganzen Leben blind, / Nun Fauste! werde dus am Ende.« (*Faust II, 5. Akt, Mitternacht*) – Sie tut dies mit der Regieanweisung »Sie haucht ihn an«. Und sie tut dies, indem sie jetzt Fausts eigene Selbstcharakteristik einlöst. Hatte er doch – in *Wald und Höhle* – einst sich selbst verstanden als »Wassersturz«, der »begierig wütend« dem »Abgrund« zubraust. Die Sorge schildert ihm nun diesen »Abgrund« mit Worten von hoher Aktualität. Denn sie stehen in grellem Kontrast zum Glück des »guten leichten Sinns«. Hier die Worte der »Sorge«: »Wen ich einmal mir besitze / Dem ist alle Welt nichts nütze, / Ewiges Düstre steigt herunter, / Sonne geht nicht auf noch unter, / Bei vollkommnen äußern Sinnen / Wohnen Finsternisse drinnen. / Und er weiß von allen Schätzen / Sich nicht in Besitz zu setzen. / Glück und Unglück wird zur Grille, / Er verhungert in der Fülle, / Sei es Wonne sei es Plage / Schiebt ers zu dem andern Tage, / Ist der Zukunft nur gewärtig / Und so wird er niemals fertig.« (*Faust II, 5. Akt, Mitternacht*)

Es war Goethes Bewunderer Nietzsche, der den hier sich öffnenden Zukunfts-Horizont der Glücksverfehlungen als spezifisch deutsches Unglück definiert hat: »Die Deutschen sind [...] von übermorgen« (*Jenseits von Gut und Böse*). Eine »ultra«-Tendenz in Richtung Zukunft mit einem »ultra«-Bewusstsein, vor dem schon Goethe gewarnt hatte: »Ganz resolut und wacker seht ihr aus, / Kommt nur nicht absolut nach Haus« (*Faust II, 2. Akt, Hochgewölbtes enges, gotisches Zimmer*). Nietzsche hat es allerdings nicht beim absoluten Zuviel an Zukunft belassen. Er hat auch das Zuviel an Herkunft im Sinne von Goethes Romantiker-Urteil nicht vergessen. Hat er doch selbst Richard Wagners *Parsifal* mit Goethes Worten charakterisiert als »Ersticken am Wiederkäuen moralischer und religiöser Absurditäten«. Es sind »Absurditäten«, die Goethe mit Blick auf die Romantiker bereits verstanden hatte als den Versuch realitätsunlustiger Zeitgenossen, die industriell entzauberte Welt wieder zu verzaubern. Nietzsches Fazit dieser Glücksverfehlung lautet jedenfalls: Die Deutschen sind auch »von Vorgestern«, sie haben »noch kein Heute« (*Jenseits von Gut und Böse*). Und dies verbunden mit dem bekannten politischen Unglück der Deutschen »von Vorgestern« in Gestalt der Gründung des Deutschen Reiches 1871 – ausgerechnet im Spiegelsaal von Versailles. Ein Unglück, das Nietzsche hellsichtig kommentiert hat mit dem Hinweis: »Die Gründung des Deutschen Reiches« sei verbunden mit der »Exstirpation« (Auslöschung) des »deutschen Geistes.« (*David Strauß, Der Bekenner und der Schriftsteller*)

Goethe selbst hat die Gründe für diese Verweigerung des »Heute« am 6. Juni 1825 gegenüber Zelter vor allem mit Hinweis auf den für ihn zentralen Unglücksbegriff der Moderne erläutert: das »ultra« als Inbegriff der Entgrenzung und Maßlosigkeit. Und damit auch in Richtung »vorgestern« und »übermorgen«. Mit den zugehörigen anthropologischen Unglücksfolgen: der Selbstentfremdung und der Umwertung aller Werte.

> Alles aber, mein Teuerster, ist jetzt ultra, alles transzendiert unaufhaltsam, im Denken wie im Tun. Niemand kennt sich mehr, niemand begreift das Element worin er schwebt und wirkt, niemand den Stoff, den er bearbeitet. […]
>
> Junge Leute werden viel zu früh aufgeregt und dann im Zeitstrudel fortgerissen; Reichtum und Schnelligkeit ist, was die Welt bewundert und wornach jeder strebt; Eisenbahnen, Schnellposten, Dampfschiffe und alle mögliche Fazilitäten der Kommunikation sind es, worauf die gebildete Welt ausgeht, sich zu überbieten, zu überbilden und dadurch in der Mittelmäßigkeit zu verharren. Und das ist ja auch das Resultat der Allgemeinheit, daß eine mittlere Kultur gemein werde.

Eine Einsicht in die Tendenzen des »ultra«, die vermutlich beigetragen hat zu jener Empfindung der Verzweiflung, die Goethe im »Beiwerk« zu *Faust II* (in den sogenannten *Paralipomena*) andeutet. Es ist vor allem das Bewusstsein der Unumkehrbarkeit der mit der Französischen und der industriellen Revolution freigesetzten extremistischen Tendenzen. Mit dem illusionslosen Fazit: »Jeder Trost ist niederträchtig / Und Verzweiflung nur ist Pflicht.«

Eine zur Pflicht erhobene »Verzweiflung«, vor allem angesichts der genannten Beschleunigungsprozesse (»Reichtum und Schnelligkeit«), die sich letztlich als »ultra« der Ungeduld erwiesen. Hatte Goethe doch die Französische Revolution bereits in diesem Sinne gedeutet als das »schrecklichste aller Ereignisse«, indem sie das Ideal der Gleichheit ungeduldig exekutiert hatte mithilfe der Guillotine. Als ähnlich problematisch hat er auch das Ideal der Gleichheit empfunden: »Das Größte will man nicht erreichen, / Man beneidet nur seinesgleichen; / Der schlimmste Neidhart ist in der Welt, / Der jeden für seinesgleichen hält« (*Egalité*). Und mit der ungeduldigen Ermordung des französischen Königs hatte die Revolution schließlich jene vaterlose Gesellschaft auf den Weg gebracht, die nun beschleunigt auch das Ideal der Freiheit in Richtung eines »ultra« umzusetzen begann. Nämlich in Gestalt ständig steigender Ansprüche und Forderungen – ohne eine erkennbar korrespondierende Selbstbegrenzung durch Pflichten und Leistung. Das heißt, man hatte zwar die Menschenrechte proklamiert, hatte darüber aber offenbar die Menschenpflichten vergessen. Goethe hat jedenfalls illusionslos auf die Widersprüche der Revolution aufmerksam gemacht: »Gesetzgeber oder Revolutionärs, die Gleichsein und Freiheit zugleich versprechen, sind Phantasten oder Charlatans« (*Maximen und Reflexionen, 121*). Denn es lag für ihn auf der Hand, dass Gleichheit nur durch Unfreiheit realisierbar ist. Und dass der, der frei ist, nicht gleich sein will.

Goethe hat hieraus für sich jedenfalls den Schluss gezogen: »Alle Freiheitsapostel, sie waren mir immer zuwider; / Willkür suchte doch nur jeder am Ende für sich.« (*Venezianische Epigramme*, 50)

Die technische Entgrenzungsmöglichkeit der Ungeduld hatte Goethe früh besichtigt: Zeitgleich zur Französischen Revolution hat er schon 1790 die ersten Blicke getan in das Beschleunigungs-Potenzial der industriellen Revolution – und zwar in Gestalt der Dampfmaschine, der sogenannten ›Feuermaschine von Tarnowitz‹ (Schlesien), im Dienst des preußischen Bergwerkswesens. Und er hat sie hier bereits erkannt, die »Dampfwagen« einer permanenten Mobilmachung, von denen er überzeugt war, dass es nicht mehr möglich sei, sie zu »dämpfen«.

Hinter der technischen Beschleunigungs-Möglichkeit der Ungeduld aber hatte Goethe noch etwas ganz anderes entdeckt. Er ahnte, dass jedem übungsgeleiteten Glücksverständnis künftig die Grundlage entzogen werden könnte. Denn der Rückgriff auf die Energiereserven der Natur bedeutet notwendig eine Entlastung des Menschen vom Generieren eigener übungsbedingter Energieleistungen. Das heißt, Nietzsches Einsicht, dass die Erde ein »asketischer Stern« sei (mit der Ableitung des Begriffs »Askese« aus dem griechischen Verb »askein«: üben), drohte schon zu Goethes Lebzeiten unverständlich zu werden. Goethe weist daher ausdrücklich hin auf die fundamentale Bedeutung der Kulturtechnik des Übens als conditio humana, die sich gleichzeitig als der Schlüssel für die »Verkettung« von »Verdienst und Glück« erweist. Im Gedicht *Symbolum* heißt es daher in diesem Sinne: »Doch rufen von drüben / Die Stimmen der Geister, / Die Stimmen der Meister: / ›Versäumt nicht zu üben / Die Kräfte des Guten‹.«

Goethe kannte ihn also, den Zusammenhang zwischen Glücksverweigerung und Übungsverweigerung. Eine Verweigerung mit Folgen auch für das nur durch Übung zu erreichende Glück der »Göttin Gegenwart«. Für sie, als Goethes heilige Göttin, wird spätestens 1848 gelten, was Marx und Engels im *Kommunistischen Manifest* diagnostizieren: »Alles Ständische und Stehende verdampft, alles Heilige wird entweiht.« Auch Goethes Göttin konnte diesem Prozess nicht entkommen. Welchen Anteil hierbei das »ultra« der »Schnelligkeit« hat, deutet Goethe 1825 in seinem nicht abgesandten Briefkonzept an seinen Großneffen Nicolovius mit der Unglücksformel des »Veloziferischen« an. Eine Wortschöpfung aus »velocitas« (lat. Geschwindigkeit / Schnelligkeit) und »Luzifer« als dem Repräsentanten der Eile, die bekanntlich des Teufels ist. Das »Veloziferische« erscheint hier nicht nur als die permanente Verweigerung des Goethe'schen »Heute«. Es steht vor allem schon im Dienst der globalen Kommunikation: »Und so springt's von Haus zu Haus, von Stadt zu Stadt, von Reich zu Reich und zuletzt von Weltteil zu Weltteil, alles veloziferisch.«

3. Kapitel
Das Glück des Gesprächs

Goethe kannte sie zwar noch nicht, die zur Lichtgeschwindigkeit beschleunigte Kommunikation. Aber ihre Anfänge im Zeichen der industriellen Revolution hat er diagnostiziert am Beispiel der Printmedienentwicklung seiner Zeit. Um dann von hierher Blicke in eine Zukunft zu werfen, die inzwischen mit der digitalen Kommunikation Wirklichkeit geworden ist. Er nennt die Anfänge dieser Entwicklung beim Namen im genannten Briefkonzept an Nicolovius vom November 1825: »Alles, was ein jeder tut«, wird »ins Öffentliche geschleppt«. Und »niemand darf sich freuen oder leiden, als zum Zeitvertreib der übrigen«. Es ist der »Zeitvertreib«, der nun an die Stelle jedes Gegenwarts-Glücks des Gesprächs tritt. Goethe hatte es noch gerühmt in den *Unterhaltungen deutscher Ausgewanderten*: »Was ist erquicklicher als das Licht?« Mit der Antwort: »Das Gespräch!« An die Stelle dieses Glücks der Unmittelbarkeit tritt jetzt das, was Goethe ohnehin als »trauriges Surrogat« empfunden hat: das Lesen – jetzt aber vor allem das »Lesen der Journale«. Das »Allerschlimmste«, wie es der Theaterdirektor im *Faust* beklagt: »Kommt jener satt vom übertischten Mahle, / Und, was das allerschlimmste bleibt, / Gar mancher kommt vom Lesen der Journale.« (*Faust I, Vorspiel auf dem Theater*)

Auch das Glück des Gesprächs also »verdampft« im neuen Aggregatzustand einer Beschleunigung aller »Fazilitäten der Kommunikation«. Gemeint ist damit vor allem jene sich verflüchtigende Realität, die Goethe bereits beschreibt als eine Welt, »Wo nichts verharret, alles flieht, / Wo schon verschwunden, was man sieht« (*Chinesisch-Deutsche Jahres- und Tageszeiten, XI*). Goethe hatte zudem erkannt, dass in einer Welt, »in der nichts verharrt, alles flieht«, auch die Sprache unter die Räder der Mobilmachung geraten musste. Ihre neue Gestalt hatte Goethe schon 1823 gegenüber Zelter definiert. Es sei eine »Phrasensprache«, die man sich als »Maximengewand [...] auf den kümmerlichen Leib zugeschnitten hat, [...] wo man täglich von der Auszehrung genagt an Unsicherheit kränkelt, um nur zu leben und fortzuwebeln, sich auf's schmählichste selbst belügen muß.«

Schonungslos beschreibt Goethe hier die Differenz zwischen der neu heraufkommenden »Phrasensprache« der Medien und dem Gegenwarts-Glück des Gesprächs. Er erkennt als das eigentliche Unglück der »Phrasensprache« das »Sich-selbst-Belügen« und die »Unsicherheits«-Symptome der geistigen, moralischen und physischen Verfassung eines »kümmerlichen Leibes«. Mit der Phrasenhaftigkeit der Sprache aber ist vor allem der Verlust des unmittelbaren per-sonare gemeint. Der eigene Ton der Person wird nicht mehr hörbar. An seine Stelle tritt ein aus Maximen zugeschnittenes Gewand über einem »kümmerlichen Leib«. Mit dem Ergebnis einer von »Auszehrung genagten« Sprache: von Menschen, die an »Unsicherheit kranken« und daher gezwungen sind, »sich aufs schmählichste selbst zu belügen«. Und dies mit der Gefahr, dass so auch andere »aufs schmählichste« belogen werden.

Es war der Präsident des Deutschen Bundestages, Norbert Lammert, der 2016 den Zustand angedeutet hat, den die Beschleunigung aller »Fazilitäten der Kommunikation« in der Sprache der Medien inzwischen erreicht hat. In seinem Vortrag über den *Wert der politischen Parteien* weist er eindringlich hin auf die »hoch problematischen Effekte« der Medien durch »den zunehmenden Vorrang von Bildern gegenüber Texten, den deutlichen Vorrang von Schlagzeilen gegenüber Analysen, den offensichtlichen Vorrang von Zuspitzungen gegenüber Differenzierungen, den immer deutlicheren Vorrang von kurzen gegenüber längeren Sachverhaltsdarstellungen, den geradezu erschreckenden Vorrang von Schnelligkeit gegenüber Gründlichkeit und den deprimierend eindeutigen Vorrang der Unterhaltung gegenüber der Information«.

Mit dem Ergebnis, dass »die Berichterstattung über Plenardebatten in den wichtigsten deutschen Print- und Onlinemedien [...] in den letzten zehn Jahren um 41% zurückgegangen« sei (*Rede anlässlich des 25-jährigen Bestehens des Instituts für Deutsches und Internationales Parteienrecht und Parteienforschung am 9. April 2016 an der Heinrich-Heine-Universität Düsseldorf*).

Goethe hat in der Mobilmachung der Kommunikation allerdings noch eine andere Dimension des Unglücks erkannt. Nämlich die Gefahr einer beschleunigten und damit permanent wachsenden Beunruhigung des Menschen. Eine Gefahr, deren Umrisse er andeutet mit der abgründigen Einsicht: »Zuwachs an Kenntnis ist Zuwachs an Unruhe« (*Dichtung und Wahrheit 8. Buch*). Das heißt, das Glück der Gegenwart wird geopfert zugunsten einer gigantischen Zunahme an informativer Unruhe. Goethe hat auch hier eine Strategie zur Sicherung dieses Glücks angedeutet. Es ist der unorthodoxe Versuch einer »Notwehr« gegen jedes »ultra« der Überinformation, den er am 5. Oktober 1831 gegenüber Zelter ironisch bilanziert mit den Worten: »Schon seit drei Monaten les ich keine Zeitungen und da haben alle Freunde bei mir das schönste Spiel. Ich erfahre den Ausgang, den Abschluß, ohne mich über die mittlern Zweifel zu beunruhigen.« Und in demselben Brief erklärt er:

> Die herrlichste Kur aber und die kräftigste Bestätigung für den Menschen, der sich in den Kreis seiner Tätigkeit zurückzieht, ist der Spaß, einen Jahrgang von 1826 gebunden zu lesen, wie ich mir ihn jetzt mache, wo so klar ist daß man durch diese Tagesblätter zum Narren gehalten wurde und daß weder für uns noch die Unsrigen, besonders im Sinn

einer höhern Bildung, daher auch nicht das Mindeste abzuleiten war.

Es war allerdings nicht nur die »Beunruhigung durch mittlere Zweifel«, der Goethe zu entkommen suchte. Er sah eine Entwicklung der Kommunikationsbeschleunigung voraus, die nicht nur ihn bereits erfasst hatte. Er ahnte, dass ihr niemand mehr entkommen würde. Eine Entwicklung, die er antizipiert hat mit visionären Worten im späten Gedichtzyklus der *Chinesisch-Deutschen Jahres- und Tageszeiten*. Er sieht sich dort bereits dem »Verfänglichen« im »widrigen Geschwätz« der »Phrasensprache« »ausgeliefert«. Um dann jenen Begriff vorwegzunehmen, der seit Ende des 20. Jahrhunderts ins Zentrum des digitalen Informationszeitalters gerückt ist: das »Netz«: Ja, Goethe hat das »Netz« antizipiert avant la lettre! Und er hat es bereits verstanden als ein »graugestricktes« Unglücks-Netz, das ihn umfängt ohne Aussicht auf Entkommen: »Und mich umfängt das bängliche / Das graugestrickte Netz.«

Das heißt, Goethe sieht in diesem »graugestrickten Netz« jenes Glück der Autonomie des Menschen scheitern, das er noch 1819 im *West-östlichen Divan* gefeiert hatte. Nämlich »die Persönlichkeit« als »höchstes Glück der Erdenkinder« (*Buch Suleika*). Jetzt, 1829, sieht er im späten Gedicht-Zyklus der *Chinesisch-Deutschen Jahres- und Tageszeiten* dieses Ziel der Aufklärung unentrinnbar ausgeliefert dem Prozess der Aufklärung: der Beschleunigung der Kommunikation in Gestalt eines alles umfassenden »Netzes«. Und dies in Form einer »verfänglichen«, das heißt, bereits postfaktischen »Phrasensprache«, die nun endgültig jedes Glück eines wechselseitigen per-sonare verstummen lässt im Wortgeräusch eines »widrigen Geschwätzes«.

4. Kapitel
»Vernünftige, glückliche Momente«

Die Geschichte der Menschheit hat Goethe offenbar zu den Konstanten gerechnet, für die sein Wort gilt: »Jeder Trost ist niederträchtig / Und Verzweiflung nur ist Pflicht.« Sein Fazit lautet: »Und doch kann eigentlich niemand aus der Geschichte etwas lernen, denn sie enthält ja nur eine Masse von Torheiten und Schlechtigkeiten« (*gegenüber Friedrich von Müller am 17.12. 1824*). Es gehört zum großen »dennoch« Goethes, dass er dieser »Trost«-losigkeit »der Torheiten« früh begegnet ist mit dem Rettungsmittel einer glücklichen Vernunft, wie er Herder aus Italien mitteilt (*Italienische Reise III*, *27.10.1787*):

> Auch habe ich dieses Jahr unter fremden Menschen Acht gegeben und gefunden, daß alle wirklich kluge Menschen mehr oder weniger, zärter oder gröber, darauf kommen und bestehen: daß der Moment alles ist, und daß nur der Vorzug eines vernünftigen Menschen darin bestehe: sich so zu betragen, daß sein Leben, insofern es von ihm abhängt, die möglichste Masse von vernünftigen, glücklichen Momenten enthalte.

Goethe wagt hier den Versuch, die Vernunft in ein neues Licht zu rücken. Denn sie erscheint nicht wie in Kants *Kritik der reinen Vernunft* als »Vermögen der Ideen«. Sie erscheint auch nicht in Gestalt der »zynischen Vernunft« Mephistos. Die an Herder gerichteten Worte sind vielmehr die Geburtsurkunde einer Glückslehre der Vernunft. Denn es ist die Empfehlung, sich einer Vernunft zu bedienen, welcher der Moment »alles ist«, und die diesem Moment daher mit höchster Aufmerksamkeit zugewandt ist. Eine glückliche Vernunft also, der es gelingt, durch gesteigerte Aufmerksamkeit jeden Moment zu genießen, um so dem Leben »die möglichste Masse« von »vernünftigen, glücklichen Momenten« zu geben.

Eine Bedingung der »glücklichen Vernunft« ist allerdings das, was Goethe die »völlige Entäußerung von aller Prätention« nennt. Kurz nach seiner Ankunft in Rom deutet er dies gegenüber Charlotte von Stein an. Er nennt zunächst seine Treue, »das Auge licht sein zu lassen«, und seine »Übung, alle Dinge wie sie sind zu sehen und zu lesen«. Um dann dieses Glück der Aufmerksamkeit zu ergänzen mit dem Hinweis, dies alles sei nur möglich bei »völliger Entäußerung von aller Prätention« (*Italienische Reise, Brief vom 7.11.1786).* Wenn Bismarck behauptet, die Eitelkeit sei ein »Defekt«, den man von der »Begabung abziehen« müsse, so empfiehlt Goethe, sich dieser Gefahr gar nicht erst auszusetzen: »Ich dagegen hatte die Maxime ergriffen, mich so viel als möglich zu verleugnen und das Objekt so rein, als nur zu tun wäre, in mich aufzunehmen« (*Tag- und Jahreshefte 1789*). Die Selbstverleugnung also als ein wesentliches Moment der »glücklichen Vernunft«. Und zwar als Bedingung für eine möglichst hohe, reine Aufmerksamkeit gegenüber den Objekten. Gleichzeitig aber auch als Bedingung für das Glück einer Heimkehr zu sich selbst. Man fühle sich, wie Goethe Frau von Stein offenbart, erst dann »in der Welt zuhause und nicht wie geborgt oder im Exil« (*Italienische Reise IV, 11.9.1786*).

Goethes »glückliche Vernunft« erreicht hier die größtmögliche Differenz zu jener unglücklichen Vernunft, die in der *Faust*-Tragödie sich als das Nicht-»in der Welt zu Hause sein« erweist. Denn es ist Faust, der sich hier selbst als Repräsentant einer unglücklichen Vernunft begreift. Lautet doch seine Selbstcharakteristik: »Bin ich der Flüchtling nicht? der Unbehaus'te? / Der Unmensch ohne Zweck und Ruh? / Der wie ein Wassersturz von Fels zu Felsen braus'te / Begierig wütend nach dem Abgrund zu« (*Faust I*, *Wald und Höhle*). Dieses »begierig wütende« Stürzen nach dem Abgrund kennt nicht die andere Bedingung der glücklichen Vernunft: das Glück des Genießens.

Es ist daher auch Faust, der im Schlussakt der Tragödie diese Unfähigkeit des Genießens in grellem Licht erscheinen lässt: Philemon und Baucis mit ihrem kleinen Besitz »verderben« ihm »den Weltbesitz«. Faust genießt nicht den »Reichtum«, sondern dieser ist ihm Anlass, zu fühlen, was ihm (noch) »fehlt«: »So sind am härtsten wir gequält / Im Reichtum fühlend was uns fehlt« (*Faust II, 5. Akt, weiter Ziergarten*). Das heißt, Faust hat die Welt verändert im Zeichen der Ungeduld und ist nun unfähig, sie zu genießen. Karl Marx wird 13 Jahre nach Goethes Tod die faustische Veränderung der Welt als Evangelium der Zukunft proklamieren: »Die Philosophen haben die Welt nur verschieden interpretiert, es kommt darauf an, sie zu verändern« (*11. These über Feuerbach*). Und in der Tat steht Goethes Schlussakt der *Faust*-Tragödie ganz im Zeichen dieser Weltveränderung. Aber es ist eine Veränderung der Welt in Permanenz. An die Stelle des »Genießens« der Welt tritt daher die »Sorge«. Sie lässt zum Ende der Tragödie Faust erblinden, indem sie das endgültige Fazit der unglücklichen Vernunft zieht: »Glück und Unglück wird zur Grille, / Er verhungert in der Fülle« (*Faust II, 5. Akt, Mitternacht*).

In diesem Verhungern »in der Fülle« aber wird noch ein anderes Merkmal der unglücklichen Vernunft sichtbar. Hatte doch die industrielle Revolution notwendig einen fatalen Zirkel des Unglücks geschaffen: die Beschleunigung des Konsums, die auf die technische Beschleunigung der Produktion antworten muss, um Fortschritt und Wachstum zu sichern. Goethe hat diesen Unglückszirkel 1825 im erwähnten Briefkonzept für Nicolovius charakterisiert als das »größte Unheil« einer Zeit, die nichts mehr »reif werden läßt«, und wo man »im nächsten

Augenblick« bereits den »vorhergehenden verspeist«. Man verspeist nur noch. Von Genießen ist nicht mehr die Rede.

Gleichwohl hat Goethe dieser unglücklichen Vernunft schon 1819 im *West-östlichen Divan* einen Ausweg gezeigt. Es ist der Weg aus dem beschleunigten Konsum in die Offenheit eines ganz anderen Glücks, das auch weiterhin offensteht. Es ist ein Glück, das sich jedenfalls jeder Werbung im Dienste moderner Konsumbeschleunigung entzieht. Und zwar mit dem entwaffnenden Hinweis: »Märkte reizen dich zum Kauf; / Doch das Wissen blähet auf. / Wer im stillen um sich schaut, / Lernet, wie die Lieb' erbaut« (*West-östlicher Divan, Buch der Betrachtungen*). Die Liebe also als Rettungsmittel gegen jedes Zuviel an Konsum und Information. Denn nur die Liebe garantiert jene glückliche Vernunft, die das Gemäße tut. Goethe hat die Einsicht in diese Fähigkeit der Liebe im Schlussakt der *Faust*-Tragödie dem Chor der Engel anvertraut: »Was euch nicht angehört / Müsset ihr meiden, / Was euch das Innre stört / Dürft ihr nicht leiden. / Dringt es gewaltig ein / Müssen wir tüchtig sein. / Liebe nur Liebende / Führet herein.« (*Faust II*, *5. Akt, Grablegung*)

Im Namen der Liebe fordert Goethe hier auf, gegenüber jedem »ultra«, das »gewaltig eindringt«, allein auf dieses Rettungsmittel zu vertrauen. Denn sie allein ist es auch, die wirklich »erbaut«. Womit freilich alles andere gemeint ist als das Erbauliche. Denn das, was sie im Menschen »erbaut« und stiftet, ist das Glück eines Reichtums, den Goethe festgehalten hat in einem Aphorismus: »Zierlich Denken und süß Erinnern / Ist das Leben im tiefsten Innern« (*Sprichwörtlich*). Goethe nennt hier den Wesenskern des »vernünftigen Glücks« der Liebe: er ruht »im tiefsten Innern«. Es ist jener Wesenskern, der allein verlässlich zu schützen vermag gegen alle »zum Kauf« lockenden »Märkte« und das »aufblähende« Wissen.

Es ist freilich das Glück einer in jeder Hinsicht gefährdeten Ruhe-Welt. Und die Unglücks-Folgen des Verlusts dieser innersten Ruhe-Welt wird Nietzsche dann beim Namen nennen: »Aus Mangel an Ruhe läuft unsere Zivilisation in eine neue Barbarei aus« (*Menschliches, Allzumenschliches I, 5. Hauptstück, 1878*). Und nicht zufällig ist es bei Goethe das Glück des »süßen« Erinnerns, das sich für ihn als sicherer Schutz gegen diese »neue Barbarei« erweist. Gerade das Nicht-Erinnern des »Vortrefflichen« ist für ihn das Eingangstor zur Barbarei: »denn worin besteht die Barbarei anders als darin, daß man das Vortreffliche nicht anerkennt« (*gegenüber Eckermann am 22.3.1831*)? Eine Einsicht, die sich für Goethe freilich bereits verschränkt mit der Ahnung, dass das »Vortreffliche« notwendig in Vergessenheit geraten muss, wenn das Leben immer schneller nach vorwärts gelebt und immer weniger nach rückwärts verstanden wird.

5. Kapitel
»Gerüche winden sich durchs Glück«

Das Erinnern aber war für Goethe vor allem auch verbunden mit dem Glück der Identität: »Wer Gedächtniss hat sollte niemand beneiden« (*Reisetagebuch, 30.10.1775*). Bereits Augustinus hat (in den *Confessiones*) darauf hingewiesen: »Ego sum, qui memini« (Ich bin's, der ich mich erinnere). Goethe hat diese augustinische Einsicht jedoch ausdrücklich erweitert durch die sinnliche Dimension eines glücklichen Erinnerns. Ein Aspekt, der inzwischen durch die Neurowissenschaften bestätigt wird. Denn Gedächtnisvorgänge, die von positiver Emotionalität begleitet werden, begünstigen die Bildung von Gedächtnis-Engrammen. Sie sichern jenes Langzeit-Gedächtnis, das schon Goethe mit dem emotional positiven Begriff des »Anteils« (im Sinne von Interesse) verbunden hat. Und wenn er festhält: »Wo der Anteil sich verliert, verliert sich auch das Gedächtnis« (*Maximen und Reflexionen, 1303*), so gewährt er damit auch Einblick in das Geheimnis des eigenen Gedächtnis-gestützten Denkens in »Bezügen«. Gemeint ist jenes schöpferische Denken, das aus unzähligen Memorabilien immer wieder neue Assoziationen und Verknüpfungen entstehen lässt. Wobei das Gedächtnis-Glück des Interesses für Goethe verschwistert ist mit jenem Kosmos, der von der Neugier bis zur Begeisterung reicht. Sie alle tragen bei zum Glück jener Bezüge, auf die Goethe Zelter aufmerksam macht: »Bezüge gibt's überall und Bezüge sind das Leben.« (*Brief an Zelter vom 29.1.1830*)

Die »Bezüge« sieht Goethe also unmittelbar verbunden mit dem »Leben«. Und zwar im Sinne jener glücklichen Trias, die er im *West-östlichen Divan* offenbart: »Denn das Leben ist die Liebe, / Und des Lebens Leben Geist« (*Buch Suleika*). Das heißt, der Kosmos der »Bezüge« umfasst das Leben und ist gleichzeitig verschränkt mit dem Kosmos der Liebe und des Geistes. Den Kosmos der Liebe aber hatte schon die Antike verstanden als »nil pluriformius amore« – nichts ist vielgestaltiger als die Liebe. Jene Liebe also, zu der eben auch das gedächtnisstiftende Interesse gehört.

Die Liebe aber hat Goethe vor allem als Begeisterung und Be-geistet-Sein empfunden. Das heißt, sie ist für ihn nicht nur das Leben, sondern immer auch »Geist«. Geist aber hat Goethe verstanden als das »obere Leitende« (*West-östlicher Divan, Noten und Abhandlungen*). Und damit auch als das »obere Leitende« der genannten Trinität. In dieser Trinität aber sind für Goethe immer auch sinnliche »Bezüge« wirksam: Er hat dies angedeutet in der *Geschichte der Farbenlehre*: »Es gibt so viele Bezüge der [...] Wesen untereinander, die wahrhaft und doch wunderbar genug sind [...]. Man erinnere sich im gröberen Sinne an Ausdünstungen, Geruch; im zarteren an Bezüge der körperlichen Form, des Blickes, der Stimme. Man gedenke der Gewalt des Wollens, der Intentionen, der Wünsche, des Gebetes. Was für unendliche und unerforschliche Sympathien, Antipathien, Idiosynkrasien überkreuzen sich nicht!«

Auf dieses sinnliche Glück »unerforschlicher Sympathien« weist Goethe denn auch im *West-östlichen Divan* ausdrücklich hin: »Der Atem will nicht mehr zurück, / Die Seel' zur Seele fliehend, / Gerüche winden sich durchs Glück, / Unsichtbar wolkig ziehend.« (*Buch Hafis*)

Goethe deutet hier jenen sinnlichen Aspekt der »glücklichen Vernunft« an, den er auch festgehalten hat im Gedicht *Vermächtnis*: »Den Sinnen hast du dann zu trauen, / Kein Falsches lassen sie dich schauen, / Wenn dein Verstand dich wach erhält.« Und nicht zufällig gehört es zum Lese-Glück der Goethe'schen Sprache, dass sein gegenständliches Denken den Leser immer wieder auch sinnlich beglückt. Es ist ein sinnlichgegenständliches Denken, mit dem er gewagt hat, gegen jede absolute Rangerhöhung des Verstandes zu revoltieren. Denn das Glück der sinnlichen Welterfahrung ist dem Verstand nicht zugänglich. Bringt doch der Verstand immer »nur seines Gleichen hervor, so wie denn offenbar aller Verstandes-Unterricht zur Anarchie führe« (*Geschichte der Farbenlehre, 3. Abteilung*). In den *Maximen und Reflexionen* (295) hat Goethe diese Überzeugung zugespitzt und lapidar wiederholt: »Die Sinne trügen nicht, das Urteil trügt.«

Und den Sinnen traut Goethe schon deshalb, weil sie ohnehin am Anfang der Lebens- und Welterfahrung stehen. Oder wie er formuliert hat: Als Kinder sind wir alle »Sensualisten«. Das heißt, das Glück des Begreifens ist offenbar nicht zu haben ohne ein vorgängiges Be-greifen der Dinge. Und wo bliebe das Glück des »Berührtwerdens« ohne die sinnliche Erfahrung des Berührens? Ist nicht schließlich auch das Ansehen der Natur und des Menschen gegründet auf ihr sinnliches Ansehen? Und wäre Goethes Verständnis der Sinne nicht durchaus geeignet, die notorische Praxis einer dominanten Verstandespädagogik vom Kopf auf die (sinnlichen) Füße zu stellen? Einen in die »Anarchie« führenden Verstandes-Unterricht könnte man jedenfalls auf diese Weise um eine wichtige Dimension ergänzen: zumal schon aus semantischen Gründen die Vermutung naheliegt, dass offenbar ein Zusammenhang besteht zwischen sinnlicher Erfahrung und der Sinn-Erfahrung der Welt.

Was aber das erwähnte »Ansehen« des Menschen und der Natur betrifft, so hat Goethe 1831 gegenüber Sulpiz Boisserée das Glück dieses »Ansehens« selbst in Verbindung gebracht mit der sinnlichen Dimension des Ansehens: »Das unmittelbare Anschauen der Dinge ist mir alles, Worte sind mir weniger als je« (*am 22.3.1831*). Um dann gegenüber Riemer (*am 28.6.1809*) diese Wertschätzung noch einmal zu steigern: Die Sinne allein seien die wahren »Prüfer und Bewährer der Phänomene«!

Eine Begeisterung Goethes für das Glück der sinnlichen Erfahrung der Welt, die auffällig mit der lebenswissenschaftlichen Erkenntnis korrespondiert, dass ohnehin rund 80 % der neuronalen Aktivitäten des Menschen visuell-haptischer Natur sind. Denn schon Goethe wusste: »Die Sinne, das Gefühl, das Gemüt üben weit größere Macht über uns aus, und zwar mit Recht« (*Bildung und Umbildung organischer Naturen, Das Unternehmen wird entschuldigt*).

Eine Wirkmächtigkeit der Sinne, die er schließlich auch bestätigt sah im griechischen Ursprung des Begriffs »Ästhetik«. Bedeutet doch »aisthanesthai« genau das, was Goethe als Quelle des Glücks empfand und empfiehlt. Nämlich die Welt »durch die Sinne wahrnehmen«. Und nicht zufällig hatte bereits Aristoteles in diesem Sinne die Ästhetik als eine eigene Art der Erkenntnis gefeiert, die sogar zur Glückseligkeit führt, da sie sich jedem pragmatisch auswertbaren Nutzendenken verweigert.

Schiller hat versucht, die Ästhetik in diesem Sinne wieder zu rehabilitieren in Gestalt eines Glück versprechenden Erziehungsprogramms. Und dies in einer Zeit wachsender Ratiohörigkeit und Neigung zur Abstraktion. Ja, er hat dieses Erziehungsprogramm sogar mit dem hohen idealistischen Ziel verbunden, jenen »Staat der Freiheit« zu erreichen, der in der Französischen Revolution gescheitert war: Goethe hat jedenfalls Schillers Briefe *Über die ästhetische Erziehung des Menschen* (1795 veröffentlicht in den *Horen*) als einen wahren Glücksfall gefeiert und sogar unmittelbar sinnlich genossen. Und er hat sie auch in diesem Sinne mit einer Begeisterung kommentiert, wie er sie in der Korrespondenz mit Schiller nie wieder gezeigt hat (*am 26.10.1794*):

> Wie uns ein köstlicher, unsrer Natur analoger Tranck willig hinunter schleicht und auf der Zunge schon durch gute

Stimmung des Nervensystems seine heilsame Wirckung zeigt, so waren mir diese Briefe angenehm und wohlthätig, und wie sollte es anders seyn? da ich das was ich für recht seit langer Zeit erkannte, was ich theils lebte, theils zu leben wünschte auf eine so zusammenhängende und edle Weise vorgetragen fand.

6. Kapitel
Das Glück der »Folge«

Auf ein anderes offenbares Geheimnis des Glücks hat Goethe im Sommer 1814 Zelter aufmerksam gemacht. Anlässlich des *Sankt-Rochus-Festes zu Bingen* am 16. August 1814 erweitert er das bereits erwähnte Glück der »Bezüge« um den fundamentalen Begriff der »Folge«. Er tut dies, indem er auch die »Folge« als Bedingung des Lebens begreift. Und zwar als die glückliche Bedingung der Wertschätzung des Lebens: »Hieraus ersehn wir, daß des Menschen Leben nur insofern etwas wert ist, als es eine Folge hat.« Ja, Goethe hat das Bewusstsein der »Folge« sogar empfunden als höchstes Glück überhaupt. Denn »der ist der glücklichste Mensch, der das Ende seines Lebens mit dem Anfang in Verbindung setzen kann« (*Maximen und Reflexionen, 1064*). Wobei an dieser Glücksempfindung der Verschränkung von Anfang und Ende auch »unsere Wünsche« teilhaben. Denn »unsere Wünsche sind Vorgefühle der Fähigkeiten, die in uns liegen, Vorboten desjenigen, was wir zu leisten imstande sein werden.« (*Dichtung und Wahrheit, 9. Buch*)

Ja, Goethes Glück der »Folge« lässt sich durchaus auch betrachten als »Regenbogen« vor dem »schwarzgrauen Grund« einer Moderne, die spätestens seit der Französischen Revolution die »Folgen«-losigkeit in Gestalt permanenter Traditionsbrüche praktiziert. Im Sinne des Faust'schen Selbstverständnisses, nämlich als »Wassersturz«: »begierig wütend« dem »Abgrund« zu (*Faust I, Wald und Höhle*). Es ist auch dieser Abgrund der »Folgen«-losigkeit, der gemeint ist, wenn Goethe die Französische Revolution als das »schrecklichste aller Ereignisse« diagnostiziert. Sie ist der radikale Bruch mit allem, was dem Begriff der Herkunft zugerechnet werden konnte. Hatte man doch mit der Aufhebung des Gregorianischen Kalenders bereits das Gedächtnis der Herkunft Europas aus dem Christentums liquidiert. So dass schließlich mit dem Reichsdeputationshauptschluss (1803) auch die Realien dieser Herkunft in Gestalt der Archive und Bibliotheken in alle Winde zerstreut werden konnten.

Ein Triumph der »Folgen«-losigkeit mit »Folgen« für den Wert des Lebens bis hin zur Sinnlosigkeit, die schließlich als »Nihilismus« Triumphe feiern wird. Nicht zuletzt auch in Deutschland mit seiner Geschichte der Diskontinuitäten und Disruptionen. Goethe hat das Ergebnis der Folgenlosigkeit festgehalten: »Der Deutsche, seit beinahe zwei Jahrhunderten in einem unglücklichen tumultuarischen Zustande verwildert« (*Dichtung und Wahrheit, 7. Buch*). Dieser Zustand hatte seit der Reformation und dem »tumultuarischen« Dreißigjährigen Krieg nicht etwa in der Kleinstaaterei und in der von Goethe und Schiller favorisierten Idee Deutschlands als Kulturnation ein Ende gefunden. Goethes Romantiker, Nietzsches Deutsche »von vorgestern«, waren vielmehr bereits auf dem Weg zu einem (nach 1871) von Preußen dominierten Reich und einer Militarisierung des Lebens, die Nietzsche als »Exstirpation des deutschen Geistes« definiert hat. Ganz abgesehen von zwei Weltkriegen mit den »tumultuarischen Zuständen« eines barbarischen Kulturbruchs und der »Folge« einer Geschichte permanenter Diskontinuitäten: mit wechselnden Staatsformen, Staatsgrenzen, Hauptstädten, Flaggen und Hymnen.

Auch die Heraufkunft der »Folge«-losigkeit gehört vermutlich zu jenen Phänomenen, die zu Goethes Entschluss beigetragen haben, die Verzweiflung zur Pflicht zu erklären. Er wusste allerdings, dass das Glück der »Folge« offenbar das seltenste Glück ist. Es ist Ottilie, die in den *Wahlverwandtschaften* (*II, 5*) über die Gründe klagt: »Man kann der Gesellschaft alles aufdringen, nur nicht, was eine Folge hat.« Und es ist auch kein

Zufall, dass Ottilie diese Einsicht in ein Aperçu fasst. Denn es ist diese geistig-prägnante Form, in der für Goethe die glückliche Wirkmächtigkeit der »Folge« sichtbar wird. Das Aperçu steht nämlich für ihn in direkter Verbindung mit dem Glück eines aus der Folge entspringenden schöpferischen Gedankens: »Alles wahre Aperçu kommt aus einer Folge und bringt Folge. Es ist ein Mittelglied einer großen, produktiv aufsteigenden Kette« (*Maximen und Reflexionen, 416*). Es erscheint daher nur »folge«-richtig, dass Goethe 1828 den Begriff der »Folge« gegenüber dem Berliner Hofbeamten von Brühl sogar zur Bedingung der Humanität erklärt. Und zwar mit der Begründung, dass »wir doch eigentlich nur dadurch Menschen sind, dass wir unsern Zuständen eine gewisse Folge zu geben trachten«.

Ja, Goethe hat vor dem Hintergrund dieser bewussten Rangerhöhung der »Folge« schließlich auch die Musik und die bildende Kunst als Manifestationen des Glücks der »Folge« empfunden. Denn auch in diesen Künsten lasse sich die »Folge« erfahren. Und zwar in Gestalt einer »Folge« von »konsequenten Augenblicken«. Kurz vor seinem Tod, am 11. März 1832, teilt Goethe denn auch in diesem Sinn Zelter die Überzeugung mit, dass die Musik eigentlich eine unerschöpfliche Quelle von Glücks-Erfahrungen ermögliche. Eine Überzeugung, die man auch lesen könnte als ein Plädoyer für die Bedeutung musikalischer Früherziehung: »Glücklicherweise ist dein Talent-Charakter auf den Ton, d.h. auf den Augenblick, angewiesen. Da nun eine Folge von konsequenten Augenblicken immer eine Art von Ewigkeit selbst ist, so war Dir gegeben, im Vorübergehenden stets beständig zu sein.«

Eine Wertschätzung des »Folge«-Glücks, die Goethe in den letzten Lebensjahren konsequent auch auf die bildende Kunst übertragen hat. Denn auch in der bildenden Kunst ereignet sich das Glück »konsequenter Augenblicke«. Goethe hat zur Sicherung dieses Glücks allerdings bewusst Kunstwerke der

Antike bevorzugt, weil hier die »konsequenten Augenblicke« für ihn gleichzeitig auch Garanten einer »natürlichen Heiterkeit« waren. Ein Begriff, den Goethe mit der Überzeugung von der Überlegenheit der Antike gegenüber der Moderne verband. Zelter hat er am 19. Oktober 1829 dieses »Wundersamste des Altertums« jedenfalls erläutert als »die Gesundheit nämlich des Moments und was diese wert ist«. Vor allem aber durch die Anschauung der Natur im Medium der Kunst hat Goethe in hohem Alter immer wieder versucht, sich jung zu erhalten. Am 27. Januar 1832 hat er diese Strategie des »Gedenke zu leben!« Zelter offenbart: »Ich weiß am besten was mich im höchsten Alter jung erhält, und zwar im *praktisch-produktiven* Sinne, worauf denn doch zuletzt alles ankommt.«

Dieses Jungerhalten im »praktisch-produktiven Sinne« hat Goethe überhaupt als das Glück des Schönen empfunden. Das Schöne nämlich in Gestalt lebenssteigernder »konsequenter Augenblicke«. Bereits in den *Briefen aus der Schweiz* hatte er so auf das Schöne als Quelle des Glücks hingewiesen: »Ja, wir sollen das Schöne kennen, wir sollen es mit Entzücken betrachten und uns zu ihm, zu seiner Natur zu erheben suchen.« Erwähnt sei in diesem Zusammenhang eine auffällige Parallelität. Es ist Stendhal, der auf eigene Weise 1822, also zu Goethes Lebzeiten, in *De l'amour* dieses Glücksverständnis des Schönen ebenfalls zu Protokoll gibt: »Das Schöne ist nichts anderes als ein Versprechen des Glücks.«

Goethe konnte andererseits bis zur Unduldsamkeit alles ablehnen, was nicht als Garant einer lebensfördernden »natürlichen Heiterkeit« mit »Entzücken« betrachtet werden konnte. Schon am 9. Dezember 1797 hatte er in sich selbst eine Gefährdung dieser lebensfördernden »Heiterkeit« erblickt. Gegenüber Schiller bekannte er jedenfalls: »Ich kenne mich zwar nicht selbst genug um zu wissen ob ich eine wahre Tragödie schreiben könnte, ich erschrecke aber bloß vor dem Unternehmen und bin beinahe überzeugt daß ich mich durch den bloßen Versuch zerstören könnte.« In diesem Sinne hat Goethe schließlich in hohem Alter schon den bloßen Anblick lebensverneinender Bilder als Gefahr der Selbst-»Zerstörung« empfunden. So zum Beispiel angesichts des romantischen Vergänglichkeitsbildes »Klosterhof im Schnee« des siebzehnjährigen Karl Friedrich Lessing (*Gesprächsnotiz Fr. Chr. Försters aus dem Jahre 1825 oder 1826*):

> Das sind ja lauter Negationen des Lebens und »der freundlichen Gewohnheit des Daseins«, um mich meiner eigenen Worte zu bedienen. Zuerst also die erstorbene Natur, Winterlandschaft; den Winter statuiere ich nicht; dann Mönche, Flüchtlinge aus dem Leben, lebendig Begrabene; Mönche statuiere ich nicht; dann ein Kloster, zwar ein verfallenes, allein Klöster statuiere ich nicht; und nun zuletzt, nun vollends noch ein Toter, eine Leiche; den Tod aber statuiere ich nicht.

7. Kapitel
Das Glück, »viel Leben zu haben«

Hingewiesen wurde bereits auf Goethes Strategie, das Glück der Identität zu sichern: »Was euch das Innre stört / Dürft ihr nicht leiden.« Diese Worte der Engel im Schluss-Akt der *Faust*-Tragödie (*Grablegung*) hat Goethe zum Befremden seiner Zeitgenossen und der Nachwelt auch gegenüber dem Tod praktiziert. Gemeint ist seine strikte Weigerung, an Bestattungszeremonien teilzunehmen, selbst im Todesfall nächster Angehöriger. Der Tod war für ihn ein »schlechter Portraitmaler«, den er nicht »statuierte«. Aber er hat ihn durchaus »statuiert« als den »Kunstgriff« der Natur: »viel Leben zu haben«.

In der Tat hat Goethe auch den Anblick des Gekreuzigten nur ertragen können »mit Rosen dicht umschlungen« (*Die Geheimnisse*). Mit dem ergänzenden Hinweis: »Wir ziehen einen Schleier vor diese Leiden« (*Wanderjahre II, 2*). Und sicherlich muss in diesem Zusammenhang auch Goethes Begriff »Augenschmerz« ernst genommen werden. Diese oft kritisierte Empfindlichkeit Goethes gegenüber den »Manifestationen des Todes« erscheint heute verständlicher im Lichte der Erkenntnisse der modernen Lebenswissenschaften. Denn der inzwischen etablierte Begriff des »Körpergedächtnisses« erlaubt immerhin die Vermutung, dass auch Goethes Körper die Primärerfahrung der eigenen Totgeburt gespeichert hat. Mit der Folge, dass er den Anblick des Todes als das, was das »Innre stört«, immer wieder zurückgewiesen hat in einer bewusst-unbewussten Entschlossenheit zur Rangerhöhung des Lebens mit der Selbst-Empfehlung: »Gedenke zu leben«. Immer aber behält Goethe die ultima causa des Lebens selbst im Blick: die Natur mit ihrem »Kunstgriff«, viel Leben zu haben.

Bereits in den *Venetianischen Epigrammen* (*31*) hatte Goethe diesen Urgrund des Lebens als ein »einziges Glück« gerühmt: »Sei es mein einziges Glück, dich zu berühren, Natur!« Die Frage, warum die Natur das »einzige Glück« ist, das das Leben sichert, hat Goethe beantwortet im Fragment *Die Natur*. Es ist eine Antwort, die quersteht gegen die notorischen Unglücksbilder des Todes: »Das Leben ist ihre [der Natur] schönste Erfindung, und der Tod ist ihr Kunstgriff, viel Leben zu haben.« Ein »Kunstgriff«, der inzwischen durch die Molekularbiologie bestätigt wird: die Apoptose, der programmierte Zelltod als Bedingung, »viel Leben zu haben«, als Bedingung des Lebens und Weiterlebens überhaupt. Mit der Besonderheit, dass das Nicht-Wirksamwerden dieses »Kunstgriffs« der Natur einhergeht mit dem Unglück karzinogener Prozesse.

Goethe hat den »Kunstgriff« der Natur, »viel Leben zu haben«, ohnehin verstanden als die schöpferische Macht in der eigenen Natur, als tiefempfundenes Glück der Teilhabe an der schöpferischen Wahrheit der Natur. Jener Wahrheit, die Goethe im Gedicht *Vermächtnis* definiert hat mit den Worten: »Was fruchtbar ist, allein ist wahr.« Ein Wahrheits-Verständnis, das er auch gegenüber Zelter bekräftigt hat (*am 31. Dezember 1829*): »Ich habe bemerkt daß ich *den* Gedanken für wahr halte der für mich fruchtbar ist.«

Und es war daher für Goethe nur konsequent, die Metamorphose des Lebens aus dem Tod auch zu verstehen als das schöpferische »Stirb und Werde!«-Geheimnis der Natur: »Und so lang du das nicht hast, / Dieses: Stirb und werde! / Bist du nur ein trüber Gast / Auf der dunklen Erde« (*West-östlicher Divan, Buch des Sängers*).

Ein Geheimnis der Natur, das inzwischen sogar eine astrophysikalische Bestätigung gefunden hat in Gestalt des »Kosmischen Kreislaufs«: Ständig bilden sich neue Sonnen aus Gas und Staub, leuchten einige Dutzend Millionen oder Milliarden

Jahre lang und geben einen Teil ihrer Materie zurück ins All – als Rohstoff für neue Sterne.

Am 11. März 1828 wird Goethe im Gespräch mit Eckermann dieses schöpferische Wahrheits-Geheimnis sogar deuten als die Notwendigkeit des »ruiniert werden«:

> Überhaupt [...] werden Sie finden, daß im mittleren Leben eines Menschen häufig eine Wendung eintritt und daß, wie ihn in seiner Jugend Alles begünstigte und Alles ihm glückte, nun mit einemmal Alles ganz anders wird, und ein Unfall und ein Mißgeschick sich auf das andere häuft.
>
> Wissen Sie aber, wie ich es mir denke? – *Der Mensch muß wieder ruiniert werden!*

Goethe hat dieses »ruiniert werden« allerdings als ein Glücks-Privileg betrachtet. Es ist jedenfalls nicht kompatibel mit dem Gleichheitsideal der Französischen Revolution. Denn es ist das Glück »vorzüglich begabter Menschen«, die fähig sind zu einer »wiederholten Pubertät«. Ja, diese Fähigkeit sei »genialen Naturen« eigen, »während andere Leute nur einmal jung sind«. Um dann gegenüber Eckermann fortzufahren:

> Daher kommt es denn, daß wir bei vorzüglich begabten Menschen, auch während ihres Alters, immer noch frische Epochen besonderer Produktivität wahrnehmen; es scheint bei ihnen immer einmal wieder eine temporäre Verjüngung einzutreten, und das ist es, was ich eine wiederholte Pubertät nennen möchte.

Eine Erfahrung »temporärer Verjüngung«, die Goethe vermutlich jener »ewigen Tagseite« des Lebens zugerechnet hat, die er dann gegenüber Nees von Esenbeck erwähnt (*am 27.9.1826*): »Man mag so gern das Leben aus dem Tode betrachten, und zwar nicht von der Nachtseite, sondern von der ewigen Tagseite her, wo der Tod immer vom Leben verschlungen wird.«

Goethe hat mit diesem schöpferischen Wahrheits-Glück der »ewigen Tagseite« gleichzeitig eine Polarität statuiert gegenüber der Wahrheits-Zuversicht der idealistischen Philosophie seiner Zeit. Das heißt, gegenüber jenem Epochentraum der Vernunft-Allmacht der Aufklärung, der in der Spätnachfolge des platonischen Denkens an die Möglichkeit rationaler Wahrheitsfindung glaubte. Goethe hat mit der Überzeugung vom »fruchtbaren« Charakter der Wahrheit der Natur jedenfalls »revoltiert« gegen jede theoriegeleitete Wahrheitsmöglichkeit des Verstandes. Denn Theorien sind für Goethe »Übereilungen des ungeduldigen Verstandes, der die Phänomene gerne los sein möchte« (*Maximen und Reflexionen, 428*). Das heißt, was der Verstand los sein möchte, sind für Goethe gerade jene Phänomene, in denen sich die Wahrheit der »ewigen Tagseite« der Natur offenbart. Eine Wahrheit, die sie allerdings nur dem schenkt, der es wagt, sie als das höchste Glück zu »berühren«. Weshalb sich Goethe, dem das »Berühren« der Wahrheit der Natur alles war, denn auch ironisch distanziert hat von herkömmlichen Wahrheits-Vorstellungen: »Wäre es Gott darum zu tun gewesen, daß die Menschen in der Wahrheit leben und handeln sollten, so hätte er seine Einrichtungen anders machen müssen.« (*Maximen und Reflexionen, 1059*)

Denn am Menschen sei »nichts wahr, als daß er irrt, sein Verhältnis zu sich, zu andern, zu den Dingen nicht finden kann« (*Maximen und Reflexionen, 1379*). Goethe hat sich daher entschieden an die verlässliche Wahrheit der Natur gehalten: »die *Natur* versteht gar keinen Spaß, sie ist immer wahr, immer ernst, immer strenge; sie hat immer Recht, und die Fehler und Irrtümer sind immer des Menschen.« (*Gegenüber Eckermann am 13.2.1829*)

Goethe hat in sich selbst diese Wahrheit der Natur verstanden als eine aus dem »Unbewussten« aufsteigende Energie: »All unser redlichstes Bemühn / Glückt nur im unbewußten

Momente« (*Zahme Xenien III*). Dieses dem »unbewußten Momente« geschuldete Glück aber entzieht sich dem Zugriff des »ungeduldigen Verstandes«. Es ist ein Glück, das nur dem reinen Anschauen der Phänomene entspringt, und »was wir dabei denken, ist ganz einerlei« (*Maximen und Reflexionen, 499)*.

Gemeint ist jenes reine Anschauen, bei dem es vor allem gilt, jene Unglücks-Abgründe der Ungeduld zu überwinden, die Goethe in sich selbst erkannt hat. Und die ihm bei der Lektüre der *Ethik* Spinozas bewusst geworden sind. In der *Affektenlehre* fand er dort die »alles ausgleichende Ruhe« als die Gegenwelt zum eigenen »alles aufregenden Streben«. Im 14. Buch von *Dichtung und Wahrheit* hat er Spinoza in diesem Sinne ein Denkmal gesetzt:

> Dieser Geist, der so entschieden auf mich wirkte, und der auf meine ganze Denkweise so großen Einfluß haben sollte, war Spinoza. [...] Was mich aber besonders an ihn fesselte, war die grenzenlose Uneigennützigkeit, die aus jedem Satze [seiner *Ethik*] hervorleuchtete [...]. Die alles ausgleichende Ruhe Spinozas kontrastierte mit meinem alles aufregenden Streben, [...] machte mich zu seinem leidenschaftlichen Schüler, zu seinem entschiedensten Verehrer.

Hinzu kam die Entdeckung des anderen großen Spinoza-Glücks: die pantheistische Rangerhöhung der Natur, die Spinoza selbst verstanden hat als »Gott-Natur« (»deus sive natura«). Für Goethe wird Spinozas *Ethik* jedenfalls die Erfahrung dieses Doppelglücks: die Beruhigung der eigenen Ungeduld-Natur und der natur-fromme Blick auf die Wahrheit der all-schöpferischen Natur (»natura naturans«) und deren Hervorbringungen und Werke (»natura naturata«). Für die eigene Ungeduld-Natur aber ergab sich für Goethe vor allem die Notwendigkeit einer ständig zu übenden »Selbstüberwindung« der »Affekte« der Ungeduld. Goethe hat das hierbei erreichbare Glücks-Ziel als »bedingte Zuverlässigkeit« gegenüber sich selbst und anderen formuliert: eine »bedingte Zuverlässigkeit«, die nur erreichbar sei durch »tätige Skepsis« – auch gegenüber sich selbst: »Eine tätige Skepsis, welche unablässig bemüht ist, sich selbst zu überwinden, um durch geregelte Erfahrung zu einer Art von bedingter Zuverlässigkeit zu gelangen.« (*Maximen und Reflexionen, 299*)

Das hier geforderte »unablässige« Bemühen der Selbstüberwindung also als die »unablässige« Bändigung der Affekte. Goethe hat darin allerdings mehr gesehen als nur »die Beruhigung meiner Leidenschaften«. Hatte doch Spinoza vor allem das Fenster weit geöffnet für das Glück einer neuen Betrachtung der Welt: »Es schien sich mir eine große und freie Aussicht über die sinnliche und sittliche Welt aufzutun« (*Dichtung und Wahrheit, 14. Buch*). Eine »freie Aussicht«, der sich Goethe übrigens ambulant genähert hat: »Ich führe die Ethik von Spinoza immer bei mir.« (*Brief an Sulpiz Boisserée vom 3.8.1815*) mit dem Gewinn einer Selbsterkenntnis im Zeichen der Demut: »Ich fühle mich ihm [Spinoza] sehr nahe obgleich sein Geist viel tiefer und reiner ist als der meinige.« (*Brief an Knebel vom 11.11.1784*)

8. Kapitel
Das Glück der »Idee des Reinen«

Auffällig ist in dem soeben genannten Bekenntnis die Überzeugung Goethes nicht nur von der überlegenen Tiefe, sondern auch von der Reinheit Spinozas. Eine Überzeugung, die sich für Goethe mit einem Glück verbindet, das bisher wenig Beachtung gefunden hat: die »Idee des Reinen«.

Es ist allerdings ein Glück, das kaum noch mit Verständnis rechnen kann. Muss doch die »Idee des Reinen« fremd erscheinen in einer Welt, in der im Sinne der Karl Marx'schen Prophetie, alles »Heilige entweiht« wird. Und damit auch die dem Heiligen nahestehende »Idee des Reinen«. Nur Nietzsche wird als großer »Unzeitgemäßer« in der Nachfolge Goethes es noch einmal wagen, Spinozas Geist der Reinheit zu rühmen. Ja, er verleiht ihm sogar den Ehrentitel des »reinsten Weisen« (*Menschliches, Allzumenschliches I*). Und in der *Fröhlichen Wissenschaft* wird er – wie Goethe – die »Idee des Reinen« sogar in den Rang einer zentralen Forderung erheben. Es ist, wie Nietzsche sie nennt, die Forderung einer »Sternenmoral«. Sie lautet bei Nietzsche: »Nur e i n Gebot gilt dir: sei rein!«

Goethe hat wie kaum ein anderer das Glück dieser höchsten »Sternenmoral« empfunden. Es sind gebetsartige Tagebucheintragungen wenige Jahre nach seinem Eintreffen in Weimar, in denen er sich bedingungslos unter die »Idee des Reinen« stellt. Im November 1777 verbindet er sie sogar mit der Anrufung des »Schicksals«:

> Heiliges Schicksaal du hast mir mein Haus gebaut und ausstaffirt über mein Bitten, ich war vergnügt in meiner Armuth unter meinem halbfaulen Dache ich bat dich mirs zu lassen,

aber du hast mir Dach und Beschräncktheit vom Haupte gezogen wie eine Nachtmüzze. Laß mich nun auch frisch und zusammengenommen der Reinheit geniessen. Amen.

Diesem Glück des Genießens der »Reinheit« gilt auch die Eintragung (*Tagebuch*, *7.8.1779*):

> Gott helfe weiter. und gebe Lichter, dass wir uns nicht selbst so viel im Weege stehn. Lasse uns von Morgen zum Abend das gehörige thun und gebe uns klare Begriffe von den Folgen der Dinge. Dass man nicht sey wie Menschen die den ganzen Tag über Kopfweh klagen und gegen Kopfweh brauchen und alle Abend zu viel Wein zu sich nehmen. Möge die Idee des reinen die sich bis auf den Bissen erstreckt den ich in [den] Mund nehme, immer lichter in mir werden.

Die »Idee des Reinen« also als der glücklich gefundene Schlüssel, um mit sich selbst ins Reine zu kommen. Um vorzudringen bis zur völlig reinen Einsicht in die »fruchtbare« Wahrheit der Natur und der eigenen schöpferischen Teilhabe an dieser Wahrheit. Eine be-geistende Einsicht, die getragen wird von der Überzeugung: »Vom Reinen läßt das Schicksal sich versöhnen, / und alles löst sich auf im / Guten und im Schönen.« (*Was wir bringen, Bad Lauchstädt, Szene 22 / Pathos*)

Es liegt nahe, dass diese aus der »Idee des Reinen« gewonnene »große und freie Aussicht über die sinnliche und sittliche Welt« für Goethe schwer vereinbar war mit jeder christlichen Betrachtung der Natur als unrein und sündig. Da Goethe im Sinne Spinozas diese reine Gott-Natur in sich selbst als schöpferisch wirksam empfand, hat er seine »Physis« denn auch gegenüber dem Freund und Philosophen Friedrich Heinrich Jacobi als reines Glück gerühmt (*am 5.5.1786*):

> An dir ist überhaupt vieles zu beneiden! Haus, Hof und Pempelfort, Reichthum und Kinder, Schwestern und Freunde

> und ein langes pppp. Dagegen hat dich aber auch Gott mit der Metaphisick gestraft und dir einen Pfal ins Fleisch gesezt, mich dagegen mit der Phisick geseegnet, damit mir es im Anschauen seiner Wercke wohl werde.

Das heißt, Goethe lässt keinen Zweifel daran, dass das Glück des reinen »Anschauens« der »Werke« der Natur notwendig im Widerspruch stehen musste zu einer christlichen Metaphysik, deren theologische Konstrukte nicht zu diesem reinen »Anschauen« der Natur gelangen konnten.

Aber nicht nur Spinozas *Ethik* hat ihm das Glück des reinen »Anschauens« der Natur geschenkt. Als 1819 der *West-östliche Divan* erschien, überraschte Goethe seine Leser im *Buch des Parsen* mit seinem Blick auf die »edle reine Naturreligion des Parsen«. Jener Naturreligion also der Anhänger der Glaubenslehre des iranischen Religionsstifters Zarathustra (vor 550 v. Chr.), die im 8. Jahrhundert nach Indien ausgewandert waren, weil sie sich weigerten, den arabischen Islam anzunehmen. In den *Noten und Abhandlungen zu besserem Verständnis* des *West-östlichen Divans* feiert Goethe nun diese »reine Naturreligion« als den Glauben an die »Allgegenwart Gottes in seinen Werken der Sinnenwelt«. Also eine auf reines »Anschauen« der Natur gründende Gottesverehrung. Und zwar in Gestalt eines »Anschauens« der »Würde der sämtlichen Elemente« – das heißt vor allem der Elemente Feuer, Luft, Wasser und Erde. Eine Überzeugung, die Goethe begeisterte, weil bei den Parsen das sittliche Ansehen der Natur, also die »Würde der sämtlichen Elemente« verschränkt ist mit dem sinnlichen Ansehen der Natur. Dieses naturfromme Doppelglück des sinnlich-sittlichen Ansehens der Natur gipfelt bei den Parsen vor allem im Anschauen der Sonne. Sie sahen, wie Goethe, in der Sonne die höchste Steigerung des Glücks der Reinheit. War doch auch für Goethe nichts »reinlicher« als die Erscheinung der aufgehenden Sonne. In den *Noten und Abhandlungen* zum *West-östlichen Divan* hat Goethe diese tiefe Übereinstimmung des Sonnen-Glücks der Parsen mit seiner eigenen Naturschau erläutert:

> Auf das Anschauen der Natur gründete sich der alten Parsen Gottesverehrung. Sie wendeten sich, den Schöpfer anbetend, gegen die aufgehende Sonne, als der auffallend herrlichsten Erscheinung [...]. Reinlicher ist nichts als ein heiterer Sonnenaufgang, und so reinlich mußte man auch die Feuer entzünden und bewahren, wenn sie heilig, sonnenähnlich sein und bleiben sollten.

Am 11. März 1832 – 11 Tage vor seinem Tod – bekennt Goethe sich gegenüber Eckermann denn auch als uneingeschränkter Anhänger dieser glücklichen Religion der Sonne. Es ist freilich eine Religion, die unvereinbar erscheint mit einer auf dem Leiden Christi gründenden Religion. Ein Leiden, vor das Goethe einen »Schleier« ziehen wollte. Stattdessen basiert Goethes Sonnen-Bekenntnis auf der Überzeugung von der unmittelbar sinnlichen Manifestation der fruchtbar-schöpferischen Wahrheit der Sonne als »Offenbarung des Höchsten«. Goethes Sonnen-Credo lautet daher:

> Fragt man mich: ob es in meiner Natur sei, die Sonne zu verehren? so sage ich [...]: Durchaus! Denn sie ist gleichfalls eine Offenbarung des Höchsten, und zwar die mächtigste, die uns Erdenkindern wahrzunehmen vergönnt ist. Ich anbete in ihr das Licht und die zeugende Kraft Gottes, wodurch allein wir leben, weben und sind, und alle Pflanzen und Tiere mit uns.

Eine Rangerhöhung der Sonne, die auch Nietzsche feiert. Auch er hat die Sonne (das Zentralgestirn des Religionsstifters der Parsen) ins Zentrum seines eigenen Sonnen-Evangeliums des *Zarathustra* gestellt. Und dies mit der Forderung, wieder »treu«

der Erde und guter Nachbar der »nächsten Dinge« zu sein. Auch Nietzsches *Zarathustra* verehrt die Sonne als »Offenbarung des Höchsten«, als das vorbildliche Gestirn. Das heißt, es gilt, sich selbst im Sinne dieses reinen Gestirns zu vervollkommnen. Sich vervollkommnen aber heißt – wie die Sonne – ohne Vorbehalt zu geben, ohne zu nehmen, und großzügig zu sein bis zum Verglühen. Nietzsches *Zarathustra* deutet diese reine Sonnen-Tugend des Schenkens als Aufforderung an den eigenen Willen: »Daß ich einst bereit und reif sei im großen Mittage […] / bereit zu mir selber und zu meinem verborgensten Willen […] / – eine Sonne selber und ein unerbittlicher Sonnen-Wille.«

Es ist dieses Glück einer reinen Ethik der Großzügigkeit, die auch Goethe im *West-östlichen Divan* rühmt. Es ist dort die Tugend des reinen poetischen Schenkens, und zwar in Gestalt seines geistigen »Zwillings«, des großen persischen Dichters Hafis. Goethe empfindet Hafis als die Inkarnation eines reinen Schenkens und Verströmens: »Du bist der Freuden echte Dichterquelle, / Und ungezählt entfließt dir Well' auf Welle. / […] / Ein Brustgesang, der lieblich fließet, / […] / Ein gutes Herz, das sich ergießet.« *(Buch Hafis)*

Aber noch in einem anderen Zusammenhang hat Goethe das reine Glück der Sonne erkannt und gewürdigt: Es ist Christiane, die Geliebte und Ehefrau, die er selbst als das Sonnen-Glück seines eigenen Lebens empfunden hat. Nach ihrem Tod am 6. Juni 1816 hat er dieses Glück offenbart in den ergreifenden Zeilen: »Du versuchst, o Sonne, vergebens, / Durch die düstren Wolken zu scheinen! / Der ganze Gewinn meines Lebens / Ist, ihren Verlust zu beweinen.« Was Goethe beweint, ist der Verlust des Sonnenglücks eines wahrhaft »lebendigen Menschen«. Und zwar im Sinne des bereits genannten Glücksverständnisses im *Wilhelm Meister*: Es ist das Glück, das nur der empfindet, dem beides gelingt: »sich recht lebendig bemühen«

und »recht sinnlich genießen« (*Lehrjahre I, 10*). Goethe hat dieses Glück des recht sinnlichen Genießens 1789 gegenüber Herder angedeutet mit dem Hinweis: dass er sich »herzlich nach Hause sehne«, um dort »ein gewisses kleines Eroticon wieder zu finden«. Und wenn Goethe »zierlich Denken« und »süß Erinnern« als Glücks-Garanten des »Lebens im tiefsten Innern« bezeichnet, so ist damit auch Christiane gemeint. 1811 hat er sie der Baronin Elisa von der Recke auch in diesem Sinne empfohlen: »Ich empfehle Ihnen meine Frau mit dem Zeugnisse, daß, seit sie ihren Schritt in mein Haus tat, ich ihr *nur Freuden* zu danken habe.«

9. Kapitel
Sich mäßigen, um glücklich zu sein?

Wie bereits erwähnt, hat Goethe in den *Maximen und Reflexionen* (*299*) ein ungewöhnliches Glücksziel genannt: die »bedingte Zuverlässigkeit«. Sie sei allerdings nur zu erreichen durch eine »tätige Skepsis« und »unablässige Selbstüberwindung«. Goethe wusste, dass diese »Selbstüberwindung« in einer Welt des »gratis« und des »sofort« auf Unverständnis und Ablehnung stoßen musste. Hatte er doch selbst erkannt, welche Überwindungsmühen zu bewältigen sind auf dem Weg zur »alles ausgleichenden Ruhe« Spinozas, die so deutlich kontrastierte zu seinem eigenen »alles aufregenden Streben«. Gleichwohl war Goethe davon überzeugt, dass der Mensch in Wahrheit keine Alternative hat als die Selbstüberwindung – bis hin zur Entsagung. Denn: »Es ist aber doch immer besser ein für allemal zu entsagen, als immer einmal über den andern Tag rasend zu werden« (*Brief an Johann Heinrich Meyer vom 28.4.1797*). Er hat dann diese Einsicht ins Allgemeine erweitert: »Unser physisches sowohl als geselliges Leben, Sitten, Gewohnheiten, Weltklugheit, Philosophie, Religion, ja so manches zufällige Ereignis, alles ruft uns zu, daß wir entsagen sollen« (*Dichtung und Wahrheit, 16. Buch*). Ja, Goethe hat es gewagt, die Selbstüberwindung sogar zu begreifen im Interesse eines höheren »Ewigen, Notwendigen, Gesetzlichen«. Um schließlich das Befolgen dieses höheren »Ewigen, Notwendigen, Gesetzlichen« zu verbinden mit dem Versprechen des Glücks: »Der verständige Mann braucht sich nur zu mäßigen, so ist er auch glücklich« (*Wanderjahre II, 4*). In den *Wanderjahren* findet sich auch der inhaltsschwere ergänzende Hinweis: »nur durch Mäßigung erhalten wir uns« (*I, 7*). Das aber heißt, Goethes Empfehlung

»Gedenke zu leben!« findet hier, im Lichte der Mäßigung, ihre eigentliche elementare Begründung.

Die Fähigkeit der Deutschen, sich zu mäßigen durch »tüchtiges Kultivieren«, hat Goethe gegenüber Eckermann am 3. Mai 1827 allerdings als gering eingeschätzt: »Wir haben zwar seit einem Jahrhundert ganz tüchtig kultiviert; allein es können noch ein paar Jahrhunderte hingehen, ehe bei unseren Landsleuten so viel Geist und höhere Kultur eindringe [...] daß man von ihnen wird sagen können, es sei lange her, daß sie Barbaren gewesen.«

Vor allem aber ist es Ottilie, die im Roman *Die Wahlverwandtschaften* (*II, 15*) auf grundsätzliche Schwierigkeiten der Mäßigung aufmerksam macht:

> Der Glückliche ist nicht geeignet, Glücklichen vorzustehen; es liegt in der menschlichen Natur, immer mehr von sich und von andern zu fordern, je mehr man empfangen hat. Nur der Unglückliche, der sich erholt, weiß für sich und andere das Gefühl zu nähren, daß auch ein mäßiges Gute mit Entzücken genossen werden soll.

Das Glück der Mäßigung widerspricht also offenbar der grundsätzlichen Verfasstheit der menschlichen Natur, die »immer mehr von sich und von anderen« fordert, »je mehr man empfangen hat«. Nur der Unglückliche scheint als Vorbild zu taugen, um andere zu überzeugen, dass »auch ein mäßiges Gute« durchaus »mit Entzücken genossen werden« kann.

Auch das Glück selbst noch im Übermaß genießen zu wollen, entspricht offenbar der »menschlichen Natur«. Und zwar ohne Rücksicht darauf, sich selbst und andere hierdurch ins Unglück zu stürzen. Ottilie selbst ist es, die im Roman dieses Unglück eines Maßlosigkeits-Glücks erfährt. Sie wird das Opfer der entgrenzten Glücks-Ungeduld Eduards, der sie mit Liebesleidenschaft überrascht und aus der »Bahn treten lässt«.

Und es ist im Roman die verstandesgelenkte Charlotte, die dieses Unglück dann erklären wird: »Das Äußerste liegt der Leidenschaft zu allernächst.« (*Wahlverwandtschaften I, 16*)

Auch Nietzsche weist auf diese »ultra«-Tendenz des Glücks hin. Im Gedicht »Das trunkene Lied« nennt er sie beim Namen. Mit dem ausdrücklichen Hinweis, Acht zu geben: »O Mensch! Gib Acht! / Was spricht die tiefe Mitternacht? / […] / Weh spricht: Vergeh! / Doch alle Lust will Ewigkeit –, / – will tiefe, tiefe Ewigkeit!« Ein »ultra«-Phänomen, das inzwischen neurowissenschaftlich erhellt wird: Dominant ist offenbar immer das Wohlfühlen-Wollen. Und dies gelenkt von »Glückshormonen« und Neurotransmittern. Wobei es sich vermutlich um einen in der Evolution erworbenen »Fitness-Vorteil« handelt, das Immunsystems durch Steigerung von positiven Empfindungen zu stärken.

Da aber nur – wie Ottilie sagt – der »Unglückliche, der sich erholt«, andere in Sachen Mäßigung belehren kann, so erscheint es naheliegend, dass auch nur dieser »Unglückliche« am tiefsten empfindet, was Goethe meint mit der erwähnten Aussicht auf Glück: »Der verständige Mann braucht sich nur zu mäßigen, so ist er auch glücklich« (*Wanderjahre II, 4*). Und dies ganz im Sinne jener Glücks-Aussicht, die Goethe auch im Fragment gebliebenen Trauerspiel *Die natürliche Tochter* offenbart mit dem Satz: »Aus Mäßigkeit entspringt ein reines Glück.« (*Akt II, Szene 5*)

Andererseits gilt für alle zur Mäßigung (noch) nicht Gezwungenen offenbar das, was Goethe 1817 dem Philologen und Schriftsteller Friedrich Wilhelm Riemer mitteilt: »Die Menschen können nichts mäßig tun, sie müssen sich immer auf eine Seite legen.« Eine fatale Tendenz angesichts jener Wahrheit der Natur, dass auf jeder Maßlosigkeit ihr »Fluch« ruht: »Zur Mäßigkeit ruft sie, wahr sind alle ihre Verhältnisse und ruhig alle ihre Wirkungen.« (*Lehrjahre VIII, 9*)

Ist der Mensch also als ein zu Übertreibungen neigendes Wesen gleichwohl zur Mäßigung durch »Selbstüberwindung« verdammt, um nicht unglücklich zu werden? Goethe hat dies angedeutet in Form einer Empfehlung im Gedicht *Vermächtnis*, das gleichsam ein Kompendium des Glücks in Kurzform enthält: »Genieße mäßig Füll' und Segen, / Vernunft sei überall zugegen, / Wo Leben sich des Lebens freut.« Es sind allerdings »geflügelte Worte«, die heute im besten Fall in abgelegten Poesiealben wiederzufinden sind. Und doch sind sie von höchster Aktualität. Denn sie können durchaus neu gelesen werden als Maxime einer künftigen Weltraum-Innenpolitik der Mäßigung für das »Raumschiff Erde«, dessen Gefährdungen inzwischen sichtbar geworden sind.

Es handelt sich im übrigen um eine Maxime, die weit zurück reicht bis in die Antike. Und darüber hinaus nach Asien bis zu Konfuzius: Es ist der allen Weisheitslehren gemeinsame Begriff der »Mitte«. Wie denn Weisheit überhaupt definiert werden könnte als die schwierige Kunst einer gleichweiten Entfernung von Übertreibungen jeder Art. Es ist die Weisheit einer Mitte, die früh statuiert worden ist, um Selbstzerstörungspotenziale der Maßlosigkeit zu bändigen. Und es ist eine Weisheit, die der Mensch sogar in sich selbst erfahren kann als eine Wahrheit der Natur. Denn sie manifestiert sich – wie Goethe zeigt – in jedem Atemzug als physische Mäßigungs-Anleitung, als die Mitte zwischen Ein- und Ausatmen, zwischen Systole und Diastole. Als Mitte einer beweglichen Ordnung der Natur, die im Menschen atmet. Und für Goethe gilt es, diese Einsicht in das Glück der Mitte im Zeichen der Dankbarkeit zu feiern: »Du danke Gott, wenn er dich preßt / Und dank' ihm, wenn er dich wieder entläßt« (*West-östlicher Divan, Buch des Sängers*). Eine ernstzunehmende Dankbarkeits-Aufforderung. Denn für die Dankbarkeit gilt: »Nur weil es dem Dank sich eignet, / Ist das Leben schätzenswert.« (*Gedichte an Personen; Carl August zu Neujahr 1828*)

Wie es allerdings um die Akzeptanz von Maß und Mitte bestellt ist, hat Goethe im *Torquato Tasso* angedeutet. Es ist dort Antonio, der die Mäßigung gegen den zur Maßlosigkeit tendierenden Tasso ins Feld führt mit den Worten: »Der Mäßige wird öfters kalt genannt / Von Menschen, die sich warm vor andern glauben, / Weil sie die Hitze fliegend überfällt« (*II. Akt, 3. Auftritt).* Diejenigen aber, die dem Mäßigungs-Glück trotz seines geringen öffentlichen Ansehens geneigt sind, hat Goethe ermuntert, sich nicht von Eintrübungen dieses Glücks durch andere beirren zu lassen. Er empfiehlt ihnen das Glück jener Lebensklugheit, die er in einem Aphorismus nennt: »Man kann sehr glücklich sein, wenn man die Zustimmung der andern nicht fordert.«

Auffällig ist, dass Goethe angesichts der Schwierigkeiten des Mäßigungs-Glücks Hoffnungen auf die Kunst gesetzt hat. Sie eigentlich habe die Aufgabe, auf das Mäßigungs-Glück hinzuwirken. Eine Aufgabe, die ihm sogar als Kriterium großer Kunst erscheint: »Die muntersten wie die ernstesten Werke haben den gleichen Zweck, durch eine glückliche geistreiche Darstellung so Lust als Schmerz zu mäßigen.« (*Dichtung und Wahrheit, 13. Buch*)

Aber auch dieses Rettungsmittel vermag nichts in einem Fall, auf den Goethe in *Die Leiden des jungen Werther* hinweist: »Der Mensch ist Mensch, und das bißchen Verstand, das einer haben mag, kommt wenig oder nicht in Anschlag, wenn Leidenschaft wütet« (*Werther I, 12.8.*). Dass dem »bißchen Verstand« eine anscheinend nur begrenzte Kompetenz zuerkannt werden kann, hat auch Nietzsche aufgegriffen. Mit einem verstörenden Hinweis auf die ganz andere »große Vernunft« des Leibes. Über die heißt es im *Zarathustra*: »Werkzeug deines Leibes ist auch deine kleine Vernunft«. Wenig oder gar nichts vermag diese »kleine Vernunft«, das »bißchen Verstand«, vor allem gegen die zur Maßlosigkeit neigenden Affekte der Ungeduld. »Ungeduld ist es, die den Menschen von Zeit zu Zeit anfällt, und dann beliebt er sich unglücklich zu finden.« (*Wahlverwandtschaften I, 9*)

Immerhin, dass »der verständige Mann« sich nur zu mäßigen braucht, um glücklich zu sein, ist ein Glücksversprechen Goethes, das sich inzwischen auch in den Lebenswissenschaften wiederfindet. Zumindest lässt in der Stoffwechselforschung die Theorie der sogenannten »freien Radikale« die Vermutung zu, dass Mäßigung in der Nahrungsaufnahme mit einem geringeren Oxidationsstress einhergeht. Mit der Folge, dass eine geringere Menge »freier Radikale« zu weniger Schädigungen innerhalb der Zelle führt. Immerhin wurde in verschiedenen Modellen von Organismen nachgewiesen, dass bei einer Mäßigung der Kalorienzufuhr eine deutliche Erhöhung der Lebenserwartung erzielt werden konnte.

Auch der 2016 verliehene Medizin-Nobelpreis für Yoshinori Ohsumi weist in diese Richtung: Werden Zellen in einen Hungerzustand versetzt, hilft die sogenannte Autophagie (Selbstverzehr), unnötige und anormale Bestandteile (wie z.B. gealterte Proteine, die Krankheiten verursachen) abzubauen. Ja, man vermutet sogar, dass bei Krankheiten wie Parkinson und Alzheimer die Ansammlung von derartigen anormalen Proteinen in den Nervenzellen eine der Krankheitsursachen sein könnte.

Goethe wusste allerdings, dass sein Plädoyer für ein Mäßigungs-Glück durch Selbstüberwindung vor allem unvereinbar war mit den im Brief an Zelter (*am 6.6.1825*) genannten drei »ultra«-Tendenzen der Zeit: »Reichtum und Schnelligkeit« und »alle mögliche Fazilitäten der Kommunikation«. Sie waren nicht mehr zu bändigen, und der, dem es dennoch gelingt, der leistet »das Schwerste und Größte«. Schon am 3. August 1815 hatte Goethe in diesem Sinne gegenüber Sulpiz Boisserée den Schluss gezogen: »Der Mensch der Gewalt über sich selbst hat [...], leistet das Schwerste und Größte.«

Aber schon vor der industriellen Revolution waren nicht mehr zu bändigende »ultra«-Tendenzen erkennbar geworden. Sie hatten sich sogar als exportfähig erwiesen. Die USA hatten 1776 mit der Proklamation der Unabhängigkeit das Streben nach Glück sogar als höchstes Gut deklariert. Ein Ideal, dessen Umsetzung sich dann allerdings als Konsumglück erweisen sollte. Das seinen eigentlichen Siegeslauf in Frankreich zunächst unter Louis Philippe und Napoleon III. und schließlich in England in der Ära der Queen Victoria antrat: durch Nachahmung der Glücksgüter des Adels. Um schließlich mithilfe der industriellen Revolution das Glück zu beschleunigen im Zeichen der Massenproduktion und der Traumverwirklichung der Gleichheit der Menschen.

Goethe selbst hatte reichlich Gelegenheit, sich vor allem mit dem Export der Glücks-Illusionen der Französischen Revolution innerhalb Europas zu beschäftigen. Bereits 1788 hatte er festgehalten, »daß Freiheit und Gleichheit nur in dem Taumel des Wahnsinns genossen werden können« (*Italienische Reise III*, 1788). Eine Glücks-Illusion, deren Export das Ancien Regime Europas 1792 in der sogenannten Campagne in Frankreich vergeblich zu verhindern suchte. Goethe, der in Begleitung seines Herzogs daran teilnehmen musste, hat 1803 in den *Tag- und Jahresheften* die »ultra«-Folgen der revolutionären Glückserwartungen lakonisch festgehalten. Es sind Folgen, die weit vorausschauen bis zu den Migrationskrisen des 21. Jahrhunderts: »Seit der Französischen Revolution war eine Unruhe in die Menschen gekommen, dergestalt daß sie entweder an ihrem Zustand zu ändern oder ihren Zustand wenigstens dem Ort nach zu verändern gedachten.«

Die Art von Unruhe, die »in die Menschen gekommen« war, hat Goethe vor allem verstanden als das Glück grenzenloser Ansprüche und Forderungen ohne gleichzeitige Akzeptanz von Pflichten und Leistungen. Eine »ultra«-Tendenz, die er lakonisch diagnostiziert hat: »Vor der Revolution war alles Bestreben; nachher verwandelte sich alles in Forderung.« (*Maximen und Reflexionen, 119*)

Eine »Forderung«, die vor allem verschwistert ist mit dem bereits erwähnten Fortunatus-Glück: das Prinzip »gratis«. Und die sich jedenfalls als eine Hauptattraktion künftiger Migrationsbewegungen erweisen könnte. Und zwar in Richtung jener Komfortzonen, in denen man sich zum Ziel setzt, das »ultra« der Forderung mit einem »ultra« der Befriedigung dieser Forderung zu beantworten.

Goethe wird Zeuge des Versuchs, dieses revolutionäre »Forderungs«-Glück direkt in Deutschland zu implantieren: in Gestalt der »Mainzer Republik«. Beim Scheitern dieses Versuchs wird er (während der *Belagerung von Mainz*) schließlich auch Zeuge jener barbarischen Phänomene der Französischen Revolution, die er 1806 in den *Tag- und Jahresheften* festhalten wird: »Die Zeit ist wieder bei den Elementen angelangt.«

Goethe hat zwar im Alter der Französischen Revolution »wohltätige Folgen« zuerkannt (*zu Eckermann am 4.1.1824*). Aber am Charakter des »ultra«, der Maßlosigkeit, hat er als wirkmächtigem Vermächtnis der Revolution festgehalten. Ja, er hat dieses Unglück des »ultra« sogar mit dem Charakter der französischen Nation in Verbindung gebracht (*zu A.E. Kozmian am 8.5.1830*):

> Die französische Nation ist eine Nation der Extreme; in nichts kennt sie Maß. Mit einer ungeheuren intellektuellen und physischen Kraft ausgestattet, könnte sie die Welt heben, wenn sie den Mittelpunkt zu finden verstünde; sie scheint es aber nicht zu wissen, daß man, um große Gewichte zu heben, ihren Mittelpunkt auffinden muß.

Goethe spricht hier seine schon bekannte Überzeugung aus: das Unglück entspringt immer der Unfähigkeit, die »Mitte« zu finden. Mit der Folge, dass schließlich archaische »Elemente« freigesetzt werden. Diese Freisetzung ließ Goethe zweifeln – bis hin zur Verzweiflung – an der Kraft des Humanen und der Autonomie des Menschen. Denn wie konnte sich die Autonomie des Menschen behaupten gegenüber der »ungeheuren Empirie« der »Elemente« der Maßlosigkeit? Goethe hat dieses »elementare« Unglück im abgründigen Bild einer alle und alles erfassenden Überschwemmung festgehalten. Gegenüber Schiller hat er in diesem Sinne die Französische Revolution charakterisiert (*Brief an Schiller vom 9.3.1802*):

> Im ganzen ist es der ungeheure Anblick von Bächen und Strömen, die sich, nach Naturnotwendigkeit, von vielen Höhen und aus vielen Tälern, gegeneinander stürzen und endlich das Übersteigen eines großen Flusses und eine Überschwemmung veranlassen, in der zugrunde geht wer sie vorgesehen hat so gut als der sie nicht ahndete. Man sieht in dieser ungeheurn Empirie nichts als Natur und nichts von dem was wir Philosophen so gern Freiheit nennen möchten.

Eine reale »Überschwemmung«, die Goethe schließlich selbst erfährt in Form jener Flüchtlings-Flutwelle, die sich aus dem revolutionären Frankreich in Richtung Deutschland bewegte. Es sind von Glücks-Erwartungen geleitete Flutwellen, die Goethe hellsichtig bereits als globales Phänomen erkennt. Nämlich als »große Bewegungen und Veränderungen des Welttheaters« (*Brief an Johann Heinrich Meyer vom 5.12.1796*). Und dies verbunden mit der Erfahrung plötzlich poröser, nicht mehr wasserdichter Grenzen und unerwarteter Herausforderungen bis an die Grenze der Überforderung für die Sesshaften und die Flüchtlinge.

Goethe hat diese »großen Bewegungen und Veränderungen des Welttheaters« im Epos *Hermann und Dorothea* präzise »aus einem kleinen Spiegel« zurückgeworfen (*1796 gegenüber*

Johann Heinrich Meyer). Er antizipiert in diesem »kleinen Spiegel« sogar das große Thema der Zukunft: die Migrationsströme des 21. Jahrhunderts und die Probleme der Integration. Blickt doch Goethe in diesem Epos bereits weit voraus in die Zukunft globaler Migrationsströme mit undichten Grenzen und wechselseitiger Abhängigkeit. Ja, er empfiehlt sogar, Intergration ganz neu und kosmopolitisch zu lesen. Und zwar unter Verzicht auf jedes Entweder-oder. Denn er weiß bereits, dass die Fremdheit des Fremden nicht mehr eine vorübergehende Irritation sein wird: Der Fremde wird bleiben. Er wird Goethes prophetisches Wort in *Herrmann und Dorothea* einlösen – und damit auch Fausts Selbst-Charakteristik: »Bin ich der Flüchtling nicht?« (*Faust I*, *Wald und Höhle*): »Nur ein Fremdling sagt man, ist der Mensch hier auf Erden; / Mehr ein Fremdling als jemals ist nun ein jeder geworden.«

Goethe wagt es in diesem Epos bereits gegen alle bürgerlichen Konventionen der Zeit, auch den Blick zu richten auf barbarische Aspekte: So übergibt die vor der Revolution geflüchtete Heldin des Epos, Dorothea, nicht nur Gaben zur gerechten Verteilung unter den Fliehenden. Sie wird auch von Soldaten der französischen Revolutionsarmee überfallen und verteidigt mutig nicht nur sich selbst, sondern mit der Waffe in der Hand auch andere Mädchen. Wilhelm von Humboldt, der dies als »martialisch« getadelt hat, ahnte nicht, dass Goethe mit diesem Epos ein kleines Fenster in eine ferne Zukunft aufgestoßen hatte. In eine Zukunft, in der die globale Teilhabe am Glück auf der Tagesordnung stehen wird. Es ist ein Fenster, durch welches, in der Gestalt Dorotheas, ein kleines Stück blanker Realität in einer scheinbar sicheren Welt des Glücks sichtbar wird. Und dies in einer Zeit, die noch nicht ahnte, dass der Sturmwind der Geschichte eines Tages noch ganz andere Glückssucher aus anderen Welten ins Haus wehen könnte.

10. Kapitel
»Eigentum« als Glück?

Goethe hat sie im Brief an Zelter (*am 6. Juni 1825*) genannt, die Göttinnen des neuen Glücks im Zeichen der »ultra«-Tendenzen: »Reichtum und Schnelligkeit« und »alle mögliche Fazilitäten der Kommunikation«. Warum versprechen diese Göttinnen das bereits erwähnte Glück des Fortunatus: das leistungslose Glück des Prinzips »gratis« und das technisch beschleunigte Glück des »sofort«? Hatte doch die industrielle Revolution zum ersten Mal in der Menschheitsgeschichte eine beispiellose Entlastung des Menschen von eigenen Energieleistungen erlaubt. Dies war möglich geworden durch den uneingeschränkten Rückgriff auf die scheinbar endlosen Energieresourcen der Erde. Eine Vision, die davon ausging, dass mit dem Fortunatus-Glück der Beschleunigung der Produktion, des Transportwesens und der Kommunikation auch ein Fortunatus-Glück der Akkumulation des Kapitals einhergehen müsste. Denn wer schneller ist als andere, hat der nicht unbestreitbar jenen Wettbewerbsvorteil, der sich auch kapitalisieren lässt? Und der Eigentümer der technischen Beschleunigungsmittel, der Herrschaft gewonnen hat über die Natur, kann er nicht auch gleichzeitig Herrschaft gewinnen über den Menschen?

Es ist Faust, der im 5. Akt des zweiten Teils der *Faust*-Tragödie dieses neue Herrschaftsglück praktiziert, das er im 4. Akt im *Hochgebirg* bereits triumphierend benannt hatte: »Herrschaft gewinn ich, Eigentum!« Es ist eine durch mephistophelische Magie gewonnene Herrschaft, die eine Umwertung aller Werte erlaubt. Und zwar durch Rangerhöhung des (mithilfe von »Schnelligkeit«) akkumulierten »Reichtums«. Mit der gleichzeitigen Folge, dass dadurch das Ansehen des Menschen nicht mehr bestimmt wird durch das, was er leistet, sondern durch das, was er sich leisten kann. Goethe hat dieses neue Glück der dominanten Anerkennung des Geldes schon im ersten Teil der *Faust*-Tragödie im *Studierzimmer* Mephisto in den Mund gelegt: »Wenn ich sechs Hengste zahlen kann, / Sind ihre Kräfte nicht die meine? / Ich renne zu und bin ein rechter Mann, / Als hätt' ich vier und zwanzig Beine.« Ein Zitat, das bereits jene beiden anthropologischen Unglücks-Folgen antizipiert, die Goethe dann im oben erwähnten Brief an Zelter nennt: die Selbstentfremdung des Menschen und die Umwertung aller Werte mit der Transformation des Gottvertrauens zum Geldvertrauen, des Glaubens zum Gläubiger, der Schuld zum Schuldner und des Credo zum Kredit.

Ein Meisterstück der zynischen Vernunft! Denn selten ist so lapidar die moderne conditio humana auf den Punkt gebracht worden. Definiert Mephisto hier doch schamlos die soziale Reputation des »rechten Mannes«, der »sechs Hengste zahlen kann«. Ihm gelingt hier sogar das Kunststück, das Glück des »rechten Mannes« in Verbindung zu bringen mit dem neuen Glück der Mobilität: die »magische« Transformation von vierundzwanzig Pferdebeinen in wohlfeile Pferdestärken.

Es gehört zum prophetischen Erkenntnispotenzial Goethes, dass es Karl Marx war, der 1844 in seiner Frühschrift *Nationalökonomie und Philosophie* die zukunftsweisende Bedeutung des genannten Mephisto-Zitats nicht nur erkannt hat. Er hat sie auch verstanden als Anregung für die Entwicklung seiner eigenen Schrift *Zur Kritik der Politischen Ökonomie* (1859), mit der er erstmals eine ausgearbeitete Fassung seiner Theorie der kapitalistischen Produktionsweise veröffentlichte. Karl Marx hat in dieser Frühschrift das Mephisto-Zitat denn auch durchaus gedeutet im Sinne der erwähnten Goethe'schen Einsicht. Nämlich als das Unglück der Selbstentfremdung des Menschen und der Umwertung aller Werte. Marx hat diese Einsicht auf die provozierende Formel gebracht: »Das Geld ist der wirkliche Geist aller Dinge« und deshalb auch das »höchste Gut«. – Es ist die Bankrotterklärung der Autonomie des Menschen:

> Was […] das Geld für mich ist, was ich zahle, d. h., was das Geld kaufen kann, das bin ich, der Besitzer des Geldes. So groß die Kraft des Geldes, so groß meine Kraft. Die Eigenschaften des Geldes sind meine – seines Besitzers Eigenschaften und Wesenskräfte. Das, was ich bin und vermag, ist also keineswegs durch meine Individualität bestimmt. Ich bin häßlich, aber ich kann mir die schönste Frau kaufen. Also bin ich nicht häßlich, denn die Wirkung der Häßlichkeit, ihre abschreckende Kraft ist durch Geld vernichtet. Ich – meiner Individualität nach – bin lahm, aber das Geld verschafft mir 24 Füße: ich bin also nicht lahm; ich bin ein schlechter, unehrlicher, gewissenloser, geistloser Mensch, aber das Geld ist geehrt, also auch sein Besitzer, das Geld ist das höchste Gut, also ist sein Besitzer gut, das Geld überhebt mich überdem der Mühe, unehrlich zu sein, ich werde also als ehrlich präsumiert; ich bin geistlos, aber das Geld ist der wirkliche Geist aller Dinge, wie sollte sein Besitzer geistlos sein? Zudem kann er sich die geistreichen Leute kaufen, und wer die Macht über die Geistreichen hat, ist der nicht geistreicher als der Geistreiche! Ich, der durch das Geld alles, wonach ein menschliches Herz sich sehnt, vermag, besitze ich nicht alle menschlichen Vermögen! Verwandelt also mein Geld nicht alle meine Unvermögen in ihr Gegenteil? […] Erstens es ist die sichtbare Gottheit, die Verwandlung aller menschlichen und natürlichen Eigenschaften in ihr Gegenteil, die allgemeine Verwechslung und Verkehrung der Dinge; es verbrüdert Unmöglichkeiten. Zweitens es ist die allgemeine Hure, der allgemeine Kuppler der Menschen und

Völker. Die Verkehrung und Verwechslung aller menschlichen und natürlichen Qualitäten, die Verbrüderung der Unmöglichkeiten – die göttliche Kraft – des Geldes liegt in seinem Wesen als dem entfremdeten, entäußernden und sich veräußernden Gattungswesen der Menschen. Es ist das entäußerte Vermögen der Menschheit.

Das Geld also als das »höchste Gut«, als »die sichtbare Gottheit«. Als die Ursache des unaufhaltsamen metaphysischen Erdrutsches in Richtung des »ultra« eines ausschließlich monetär definierten Begriffs des Menschen und des Eigentums. Und dies verbunden mit der Gefahr auch des »ultra« der Gier im Sinne eines »Mehr-und-alles-haben-Wollens«. Über Faust heißt es deshalb auch: »hier vom Palast / Dein Arm die ganze Welt umfaßt« (*Faust II, 5. Akt, weiter Ziergarten*). Und sein Eigentum versteht er keineswegs als Patrimonium, also als Erbgut, das es zu nutzen und zu pflegen gilt. Eigentum versteht Faust vielmehr als »Dominium«, als uneingeschränkten Herrschaftsanspruch über die Natur und schließlich auch über die Menschen. Befehligt er doch im Dienste seines Eigentums Arbeiter, von denen Baucis berichtet: »Menschenopfer mußten bluten, / Nachts erscholl des Jammers Qual.« (*Faust II, 5. Akt, Offene Gegend*)

Im Bewusstsein dieses Unglücks faustischer Eigentumsverfallenheit hat Goethe Ungewöhnliches gewagt: Unzeitgemäß statuiert er nämlich die Alternative eines völlig anderen Eigentumsverständnisses. Es ist die kopernikanische Wende gegenüber allen praktizierten Kategorien des Eigentums im Zeichen des Kosten-Nutzen-Kalküls der World.com. Denn Goethe lässt den Profit ins Leere laufen. Er verweist stattdessen auf ein Eigentums-Glück, das im Zeichen seines Wahrheitsbegriffs steht: »Was fruchtbar ist, allein ist wahr« (*Vermächtnis*). Goethe hat dieses Eigentums-Glück in ein Gedicht gefasst, dessen Zukunftspotenzial noch zu entdecken ist, und für das seine Verse aus dem Gedicht *Einschränkung* gelten: »Was bleibt mir nun, als eingehüllt, / Von holder Lebenskraft erfüllt, / In stiller Gegenwart die Zukunft zu erhoffen!« Die Zukunft aber, die es zu erhoffen gilt, beschreibt er in einem weiteren Gedicht:

Eigentum

Ich weiß, daß mir nichts angehört,
Als der Gedanke, der ungestört
Aus meiner Seele will fließen,
Und jeder günstige Augenblick,
Den mich ein liebendes Geschick
Von Grundaus läßt genießen.

Es ist ein Eigentums-Glück, das sich verstehen lässt als Goethes »Regenbogen« vor dem »schwarzgrauem Grund« einer nur noch monetär orientierten Zukunft der Eigentumsverfallenheit, über die Goethe gegenüber Eckermann 1823 bemerkt: »Taste aber nur Einer das Eigentum an, und der Mensch mit seinen Leidenschaften wird sogleich dasein.« Nicht zufällig ist es Mephisto, der jetzt mit den drei gewaltbereiten Helfern, Raufebold, Habebald und Haltefest, Faust assistiert bei der barbarischen Erweiterung seines Eigentums. Es ist das Eigentum des alten Ehepaars Philemon und Baucis, das ihn stört. Sie werden schließlich ermordet im Zeichen der mit dem »Reichtum« verschwisterten »Schnelligkeit«, die Faust zu spät erkennt: »Geboten schnell, zu schnell getan! –« (*Faust II, 5. Akt, Tiefe Nacht*)

Dies hindert Faust nicht, sein Eigentum auch noch durch Landgewinn vom Meer zu erweitern. Und zwar durch jene gewaltsamen Eingriffe in die Natur, vor denen schon der von Goethe bewunderte Alexander von Humboldt gewarnt hatte. Dieser hatte 1799 nach seiner Landung in Venezuela mit der

Studie zum *Valencia-See* auf die Gefahr von Klimaveränderungen durch die gewaltsamen Eingriffe europäischer Siedler in Lateinamerika aufmerksam gemacht. Humboldt, mit dem Goethe auch nach dessen Rückkehr aus Lateinamerika (1804) in regem Gedankenaustausch geblieben ist, hatte dort jenes Geheimnis der Natur entdeckt: das ebenfalls von Goethe bewunderte System der »Wechselwirkungen«: jene unzähligen interdependenten Vorgänge der Natur in Form hochkomplexer nichtlinearer Prozesse, die sich der kognitiven Kompetenz des Menschen letztlich entziehen. Und mit der Entwicklung der Isothermen (Linien gleicher Temperaturen auf der Erde) und der Erforschung der Klimafaktoren hatte Humboldt bereits weitere Einsichten gewonnen in dieses System der »Wechselwirkungen« und damit auch in deren Gefährdung durch Eingriffe des Menschen in die Faktoren dieses Systems.

Goethe hat es Mephisto überlassen, die Folgen der faustischen Eingriffe in die Natur abgründig zu kommentieren. Er tut dies, indem er sich auf die »Elemente« als die Rache-Furien der Natur beruft. Sie sind es, mit denen die Natur auf ihre Zerstörung antwortet. Spiegelbildlich zum Glück der Augen des Natur-frommen Lynkeus entwirft Mephisto jetzt das Unglücks-Szenario der »Elemente« der Natur.

Seine Anrufung der »Elemente« stimmt jedenfalls überein mit Goethes eigener Einsicht in die »Elemente« der Natur: »Die Elemente [...] sind als kolossale Gegner zu betrachten« (*Versuch einer Witterungslehre*). Und ganz in diesem Sinne beschwört sie nun auch Mephisto im Schlussakt der *Faust*-Tragödie (»beiseite« sprechend, so die Regieanweisung): »Du bist doch nur für uns bemüht / Mit deinen Dämmen deinen Buhnen; / Denn du bereitest schon Neptunen, / Dem Wasserteufel, großen Schmaus. / In jeder Art seid ihr verloren, / Die Elemente sind mit uns verschworen, / Und auf Vernichtung läufts hinaus.« (*Faust II*, *5. Akt*, *Großer Vorhof des Palasts*)

Die »Vernichtung« also als die Folge einer ins »ultra« der Gier tendierenden Eigentumsverfallenheit. Die größte Glücksferne dieser gierigen Eigentumsverfallenheit aber prophezeit nicht Mephisto, sondern die »Sorge« mit der furchtbaren Vision eines Jenseits von Glück und Unglück: »Glück und Unglück wird zur Grille«. (*Faust II, 5. Akt, Mitternacht*)

Die »Sorge« weist – wie bereits erwähnt – gleichzeitig hin auf das »Verhungern in der Fülle« und erinnert hier an jene Metamorphose der Selbstaufzehrung, die Goethe vermutlich kannte aus seinem Lieblingsbuch, den »Metamorphosen« des Ovid. Es ist die Selbstaufzehrung des Erysichthon als Endspiel allen Glücks überhaupt. Was je den Menschen himmelhoch jauchzen ließ und zu Tode betrübte, wird hier zur »Grille«. Es ist eine Metamorphose, die bereits vorwegnimmt, was Mephisto beim Anblick des toten Faust formuliert als Grabspruch aller faustischen Glücksritter: »Es ist so gut als wär es nicht gewesen, / Und treibt sich doch im Kreis als wenn es wäre. / Ich liebte mir dafür das Ewig-Leere.« (*Faust II, 5. Akt, Großer Vorhof des Palasts*)

Denn Faust, der hier tot im Sand liegt, ähnelt durchaus Ovids Erysichthon. Beide haben frevelnd die Natur und ihre Elemente als »kolossale Gegner« herausfordert. Erysichthon lässt zwar nicht – wie es im 5. Akt der *Faust*-Tragödie geschieht – uralte Bäume abfackeln. Aber er fällt, allen Warnungen zum Trotz, die heilige Eiche der Ceres, der Göttin des Wachsens und der Fruchtbarkeit. Ceres bestraft ihn dafür mit ewigem Hunger bis hin zur Selbstzerstörung durch Selbstverzehr. Selten ist der Moderne ein größeres Unglück prophezeit worden. Eine Prophetie, die Goethe noch einmal vertieft im *West-östlichen Divan*. Hier verschränkt er das Unglück des Selbstverzehrs sogar mit der Todsünde des Neides: »Will der Neid sich doch zerreißen, / Laß ihn seinen Hunger speisen.« (*Buch der Sprüche*)

11. Kapitel
»Wie sich Verdienst und Glück verketten«

Man muss die eben genannten Abgründe der Eigentumsverfallenheit im Auge behalten, um jenes Gegen-Glück zu erkennen, das der Astrolog in der Kaiserpfalz öffentlich auszusprechen wagt. Gegen das »ultra« des neuen Papiergeld-Glücks mit begleitenden hedonistischen Tendenzen rühmt er hier das Glück des rechten Maßes durch Mäßigung und Selbstüberwindung. Er tut dies vor dem Hintergrund einer Welt der Gier und grenzenloser Ansprüche und Forderungen: »Laß erst vorbei das bunte Freudenspiel; / Zerstreutes Wesen führt uns nicht zum Ziel. / Erst müssen wir in Fassung uns versühnen, / Das Untre durch das Obere verdienen. / Wer Gutes will der sei erst gut; / Wer Freude will besänftige sein Blut; / Wer Wein verlangt der keltre reife Trauben, / Wer Wunder hofft der stärke seinen Glauben.« (*Faust II, 1. Akt, Weitläufiger Saal*)

Der Kaiser nimmt diesen Mäßigungs-Appell allerdings zum Anlass, das Gegenteil zu befehlen: »Indessen feiern wir, auf jeden Fall, / Nur lustiger das wilde Karneval.« Es ist »das wilde Karneval« der kaiserlichen Amüsier- und Spaßgesellschaft im Zeichen eines verdienst- und leistungslosen Papiergeld-Glücks, das Mephisto zum Ende der Szene ironisch kommentiert mit den Worten: »Wie sich Verdienst und Glück verketten / Das fällt den Toren niemals ein; / Wenn sie den Stein der Weisen hätten / Der Weise mangelte dem Stein.« Ein Mephisto-Kommentar, den Goethe dann noch einmal sprichwörtlich variiert hat: »Daß Glück ihm günstig sei, / Was hilft's dem Stöffel? / Denn regnet's Brei, / Fehlt ihm der Löffel.« (*Sprichtwörtlich*)

Mephisto kennt sie, die »Toren«. Er kennt sie, die luxurierende Verschwendungsgesellschaft eines sich beschleunigenden

Konsumglücks, die sich soeben von der lästigen Übung des Sparens verabschiedet hat. Der kaiserliche Marschalk kennt sie dagegen noch, die Übung des Sparens durch Konsumverzicht. Er lamentiert: »Wenn sonst im Keller Faß an Faß sich häufte, / Der besten Berg- und Jahresläufte, / So schlürft unendliches Gesäufte / Der edlen Herrn den letzten Tropfen aus« (*Faust II, 1. Akt, Saal des Thrones*). An die Stelle begrenzter Vorräte ist ein Wohlstands-Glück getreten, das schon Alexander von Humboldt Mitte des 19. Jahrhunderts auf die Formel gebracht hat: »Wohlstand ist, wenn man für Geld, das man nicht hat, Dinge kauft, die man nicht braucht, um Leuten zu imponieren, die man nicht mag.« Es ist ein Wohlstandsglück, das der Marschalk schildert: »Die halbe Welt scheint nur an Schmaus zu denken, / Wenn sich die andre neu in Kleidern bläht. / Der Krämer schneidet aus, der Schneider näht. / Bei: ›hoch dem Kaiser!‹ sprudelts in den Kellern, / Dort kochts und bräts und klappert mit den Tellern.« (*Faust II, 1. Akt, Lustgarten*)

Mephisto selbst agiert hierbei als Consultant dieses Konsum-Glücks, das der Marschalk als Unglück beklagt: »Welch Unheil muß auch ich erfahren; / Wir wollen alle Tage sparen / Und brauchen alle Tage mehr« (*Faust II, 1. Akt, Saal des Thrones*). Der Marschalk ahnt noch nicht, dass an die Stelle der alten Welt des Sparens längst eine neue Spaß- und Amüsiergesellschaft getreten ist, eine Gesellschaft, die sogar schon das Glück einer neuen Entertainment-Technik kennt. Und es ist Mephisto, der diese neue Technik beherrscht. Denn er hat Zugang zu einer an Magie grenzenden Kommunikationswelt virtueller Bilder mit vollständiger Entgrenzung von Zeit und Raum. Es ist eine bereits synchronisierte Welt, die alle Mühen einer Ethik der Nähe außer Kraft setzt zugunsten des neuen Glücks einer virtuellen Fern-Ethik. Verbunden mit der scheinbaren Entgrenzung der Empathie, obgleich der Mensch aufgrund seiner antiquierten neuronalen Architektur vermutlich bei kaum mehr als zweihundert Personen ernsthaft mitleiden, mitfühlen und mitempfinden kann. Es ist zudem eine beschleunigte Informations- und Kommunikations-Technik, die einen neidgelenkten Dauerstress begünstigt durch Direktvergleich eines jeden mit allen und aller mit jedem. Mit dem Ergebnis, dass die Gesellschaft moderner Industrienationen trotz wachsenden Wohlstands im Durchschnitt nicht glücklicher geworden ist. Ja, es besteht sogar der Verdacht, dass die Lebenszufriedenheit trotz wachsenden Wohlstands immer kleiner wird.

Mephisto jedenfalls verfügt bereits über das Glück dieser neuen virtuellen Entertainment-Technik. Denn er hat Zugang zu mythischen Vorwelten: Er kennt den Weg zu den »Müttern«, von denen es heißt: »Um sie kein Ort noch weniger eine Zeit, / Von ihnen sprechen ist Verlegenheit« (*Faust II, 1. Akt, Finstere Galerie*). Zu ihnen steigt Faust mit Mephistos Hilfe hinab. Um dort bei den Müttern mit dem »Dreifuß« im »tiefsten, allertiefsten Grund« den Schlüssel einer »ultra«-Entgrenzung der Virtualität zu holen. Es ist ein Schlüssel, der bereits das Tor aufschließt zu den Unterhaltungs-Techniken des digitalen Zeitalters mit der Zeitdimension der Lichtgeschwindigkeit. Heißt es doch von diesem Schlüssel: »er leuchtet, blitzt!« Und tatsächlich öffnet er den Blick auf die »wunderbarsten Dinge«, die es erlauben, alle gewohnten Ordnungen und Orientierungen auf den Kopf zu stellen. Mephisto rühmt sie denn auch, diese »losgebundnen Reiche« der neuen magischen Ordnung der Virtualität: »Versinke denn! Ich könnt auch sagen: steige! / 'S ist einerlei. Entfliehe dem Entstandnen, / In der Gebilde losgebundne Räume, / Ergötze dich am längst nicht mehr Vorhandnen.« Und was er hier rühmt, ist weitaus mehr als die Erfindung des Fernsehens avant la lettre. Denn mit dem »Dreifuß« aus dem Reich der Mütter verfügt er über ein Gerät, das nicht nur aus dem »längst nicht mehr Vorhandnen« Helena und Paris heraufzitiert. Es erlaubt Mephisto auch, Faust zum willfährigen Opfer dieser neuen virtuellen Welten mutieren zu lassen. Er kommentiert dies mit der zynischen Triumphformel: »So ists recht! / Er schließt sich an, er folgt als treuer Knecht.« So wird Faust tatsächlich zum »treuen Knecht« Mephistos. Denn dieser allein ist der wahre Herrscher über die neuen virtuellen Inhalte und Programme, deren »glückliche« Wirkung auf Faust er zynisch kommentiert: »Gelassen steigst du, dich erhebt das Glück.« (alle Zitate: *Faust II, 1. Akt, Finstere Galerie*)

Gemeint ist damit freilich auch die rückhaltlose Unterwerfung der kaiserlichen Hofgesellschaft unter dieses neue Glück. Mephisto überlässt es Faust, hier als Magister Ludi aufzutreten. Denn er hat ihn inzwischen eingeführt in das »Glück« eines Entertainment-Amoralismus jenseits aller Vorstellungen bürgerlicher Moral. Und sollte Faust je hierbei verzweifeln, so wird Mephisto ihm antworten: »Du bist doch sonst so ziemlich eingeteufelt. / Nichts Abgeschmackters find' ich auf der Welt, / Als einen Teufel der verzweifelt« (*Faust I, Wald und Höhle*). Was Mephisto nun als Probelauf des neuen virtuellen Glücks in der »dämmernden Beleuchtung« des *Rittersaals* (*Faust II, 1. Akt*) der kaiserlichen Hofgesellschaft bietet, ist eine »Geisterszene«. Sie ist der Hofgesellschaft des Kaisers versprochen worden, und Faust hat dieses Versprechen durchaus modern kommentiert: »Erst haben wir ihn reich gemacht, / Nun sollen wir ihn amüsieren.« (*Faust II, 1. Akt, Finstere Galerie*)

Gegenüber dem Kaiser muss dieses Versprechen nun eingehalten werden. Faust und Mephisto können sich nicht auf die Ausrede berufen: Es gilt das gebrochene Wort. Sie müssen jetzt »liefern«. Der Kämmerer mahnt bereits mit Blick auf den Kaiser: »Ihr seid uns noch die Geisterszene schuldig; / Macht Euch daran! der Herr ist ungeduldig« (*Faust II, 1. Akt, Hell erleuchtete Säle*). Und was Faust und Mephisto dem ungeduldigen Herrn nun als virtuelles Spektakel bieten, liegt durchaus schon im Mainstream moderner »Sex and Crime«-Programme. Allerdings mit einer Handlung, die an eine versunkene Bildungswelt erinnert: »Der Raub der Helena«! Und Helena wird jetzt auch samt Paris mit dem digitalen Schlüssel aus dem Reich der Mütter heraufzitiert. Die Szene endet allerdings mit einem peinlichen Zwischenfall. Denn Faust fällt aus der Rolle. Er verliert jede Kontrolle über sich. Er ist zum Second-Life-Opfer moderner Medienwelten mutiert und wird nun als Zuschauer zum Akteur, der Virtualität und Realität nicht mehr unterscheiden kann: Mit physischer Gewalt versucht er, in die virtuelle Handlung einzugreifen, um den Raub Helenas durch Paris zu verhindern!

Vergeblich versucht Mephisto, ihn in die Realität zurückzurufen: »So faßt euch doch, und fallt nicht aus der Rolle!« (*Faust II, 1. Akt, Rittersaal*). Zunehmend fallen allerdings auch die Zuschauer aus der Rolle. Nur ein »Gelehrter« versucht noch, Distanz zur Virtualität zu gewinnen. Er tut dies, indem er sich – in einem Akt unfreiwilliger Komik – an das »Realitäts«-Glück des geschriebenen Wortes klammert. Immerhin wagt er es, den virtuellen Charakter der Helena-Gestalt zu bezweifeln: »Ich seh' sie deutlich, doch gesteh' ich frei; / Zu zweiflen ist, ob sie die Rechte sei. / Die Gegenwart verführt ins Übertriebne, / Ich halte mich vor allem ans Geschriebne.« Er ahnt also bereits etwas vom Wesen des »Übertriebenen« als Kennzeichen des neuen Glücks der Virtualität!

Beim Machtwort aber, mit dem Mephisto vergeblich versucht, Faust von diesem neuen »Glück« zu befreien, lässt Goethe Mephisto selbst aus der Rolle fallen. Er ist gezwungen, Einspruch zu erheben gegen die von ihm selbst heraufbeschworene »Geisterszene«. Das heißt, Mephisto muss Faust an das Rettungs-Glück der Realität erinnern: »Machst du's doch selbst das Fratzengeisterspiel!« Faust erweist sich jedoch weiterhin als konsequenter Realitätsverweigerer. Er will sich nicht mehr trennen vom »Fratzengeisterspiel«. Ja, er will endlich das »Doppelreich, das große, sich bereiten«. Und so hält er unbeirrt fest am neuen Glück der Virtualität mit dem paradoxen Ruf: »Hier faß ich Fuß! Hier sind es Wirklichkeiten.«

Und indem Faust Gewalt anwendet gegenüber Paris, reißt er sich endgültig los von jedem Bewusstsein realer Existenz. Die entsprechende Regieanweisung lautet daher: »Explosion, Faust liegt am Boden. Die Geister gehen in Dunst auf.« Das heißt, Faust verlässt das Reich der Realität in einem chaotischen Zustand, den Goethe ironisch beschreibt mit der Regieanweisung: »Finsternis, Tumult«.

Mephisto aber zieht die Bilanz dieses neuen Glücks der Realitätsverweigerung, indem er den bewusstlosen Faust auf die Schulter nimmt und zynisch aufmerksam macht auf die Langzeitfolgen dieser Verweigerung: »Da habt ihr's nun! Mit Narren sich beladen, / Das kommt zuletzt dem Teufel selbst zu Schaden.«

12. Kapitel
Das posthumane Glück

Dass bei der Vielzahl der Welten des »ultra« der Teufel »selbst zu Schaden kommt«, überrascht nicht. Hat doch Goethe mit der Ballade *Der Zauberlehrling* allen »ultra«-Tendenzen der Moderne ohnehin die Gefahr prophezeit, dass sich »der alte Hexenmeister« nicht mehr findet, um die entfesselten »Elemente« des Unglücks zu bannen. Das heißt, »der alte Hexenmeister« könnte eines Tages als »trouble shooter« und »consultant« den Dienst verweigern, weil die durch das »ultra« freigesetzten nicht linearen Prozesse einen Komplexitätsgrad erreicht haben, der zumindest die kognitive Kompetenz des »antiquierten« Menschen (*Günther Anders*) deutlich übersteigt. Gemeint ist damit vor allem das »ultra« gesteigerter Chaos-Potenzial – von möglichen Klimakatastrophen bis zum nicht mehr regulierbar erscheinenden Informationskapitalismus und den ebenfalls digital agierenden Finanzmärkten unter Casino-Bedingungen. Eine Situation, die Goethe im *Faust* bereits antizipiert mit den Worten: »Die kühnsten Kletterer sind konfus« (*Faust II, 4.Akt, Auf dem Vorgebirg*). Und schon bei der (Papier-) Geldschöpfung ohne Wertschöpfung erweisen sich die kaiserlichen Funktionseliten als »konfus«. Denn über das Glück des neuen (virtuellen) Papiergeldes heißt es dort aus dem Munde des hilflosen Marschalks: »Unmöglich wär's die Flüchtigen einzufassen; / Mit Blitzeswink zerstreute sichs im Lauf.« (*Faust II, 1.Akt, Lustgarten*)

Was also lag näher, als die Grenzen der »antiquierten« neuronalen Kompetenz künstlich ins »ultra« zu erweitern? Hatte doch 1828 bereits Friedrich Wöhler an der Berliner Gewerbeschule mit der Harnstoffsynthese einen neuen Weg des Glücks gezeigt. Wie sich nämlich künftig organische Materie aus der Welt des Anorganischen entwickeln lassen könnte. Eine Entdeckung, die menschliche Schöpfungsakte ahnen ließ, wie sie im ersten Teil der *Faust*-Tragödie Mephisto bereits angedeutet hatte mit dem Hinweis auf den Baum der Erkenntnis und die Verheißung der Schlange: »Eritis sicut deus.« – Ihr werdet sein wie Gott. Dem neugierigen Studenten hatte er jedenfalls ins Stammbuch geschrieben: »Folg' nur dem alten Spruch und meiner Muhme der Schlange, / Dir wird gewiß einmal bei deiner Gottähnlichkeit bange!« (*Faust I, Studierzimmer*)

Es ist Fausts Famulus Wagner, dem jetzt als Molekularbiologen und Gen-Designer keineswegs »bange« wird – auf dem neuen Weg zum Glück der Gottähnlichkeit. Erklärt er doch stolz: »wie sonst das Zeugen Mode war / Erklären wir für eitel Possen« (*Faust II, 2. Akt, Laboratorium*). Er hat stattdessen ein anderes Glücks-Ziel auf die Tagesordnung gesetzt: den szientistischen Eingriff in den Genotyp des Menschen mit dem Ziel eines neuen Phänotyps. Gemeint ist vor allem der Phänotyp einer optimierten neuronalen Architektur des Menschen ohne die bisherigen lästigen kognitiven Grenzen. Wagner erläutert das Glücks-Ziel dieses Schöpfungs-Experiments daher auch ganz im Sinne eines Exzellenzprojekts: Schaffen will er »ein Hirn, das trefflich denken soll«.

Und so wie Mephisto zur Stelle war, um Faust in der *Kaiserpfalz* zum Schlüssel des Glücks virtueller Entgrenzungen zu verhelfen, so ist er auch jetzt bereit, dem ehemaligen Famulus Fausts, Wagner, die Optimierung des Menschen zu beschleunigen. Es ist freilich noch ein in der Zukunft liegendes Glück. Vermutet doch der Princeton-Professor und Molekularbiologe Lee M. Silver in seinem Buch *Das geklonte Paradies*, dass sich erst vom 24. Jahrhundert an die Menschheit in zwei Arten spalten wird, »in die Naturbelassenen« und die »Gen-Reichen«.

Bislang waren Goethes Zeitgenossen allerdings davon ausgegangen, dass allein der männliche Samen der Träger des Lebens und des Erbguts sei. Und noch Paracelsus hatte versprochen, man könne ein menschliches Wesen außerhalb des Mutterleibs entwickeln. Ein verzeihlicher Irrtum, wenn man bedenkt, dass die weibliche Eizelle erst 1827 von Karl Ernst von Baer entdeckt und 1875 erstmals die Verschmelzung von Samen und Eizelle beobachtet wurde. Mit dem Homunkulus-Projekt aber bricht Wagner zu neuen Ufern mit weitreichenden Folgen auf. Goethe hat diese Folgen ironisch gespiegelt als »sehr ernste Scherze«. Überhaupt hat er die Vorzüge der Ironie gerühmt: »denn gerade diese Unentschiedenheit ist es, welche den Scherz zulässig macht, indes der Ernst immer nur Eine Seite umfaßt und an dieser mit Ausschließung aller heitern Nebenbeziehungen festhält« (*gegenüber dem Schriftsteller und Erzieher Johann Daniel Falk am 25.1.1813*).Es sind denn auch immer wieder »heitere Nebenbeziehungen«, die überall durchschimmern in der Biographie des Homunkulus. Einer Biographie abgründiger Glücksverheißungen mit der Besonderheit, dass Homunkulus selbst mit seinem Optimierungs-Glück nicht zufrieden ist. Ahnt er bereits, dass ihm das Unglück des Klonschafs Dolly widerfahren könnte – also das (vorläufige) Scheitern des Experiments der künstlichen Evolution?

Das heißt, es sind »sehr ernste Scherze« Goethes, wenn er Homunkulus durchaus teilhaben lässt an seinem (Goethes) eigenen Glücks-Verständnis, im Sinne einer nicht-künstlichen, einer entschleunigten Evolution. Und zwar ganz im Geiste der lateinischen Herkunft des Begriffs »Natur«: »nasci«; das Fruchtbare, das Gebären bestimmt also die Regie – nicht der szientistisch beschleunigte, sondern der langsame Gang der Geburtswehen der biologischen Evolution. Das aber bedeutet für Homunkulus: Es ist zwar gelungen, sein Hirn zu optimieren. Aber er ist im Übrigen zunächst gezwungen, bauchrednerisch in einer Phiole zu verharren. Aber ausgerechnet der »künstliche« Homunkulus will jetzt ein vollkommenes Wesen im Sinne der Natur werden. Das Glück des Zur-Welt-Kommens ist für ihn erst erreicht, wenn es gelingt, sich vom mephistophelischen Makel der beschleunigten künstlichen Geburt zu befreien. Dies alles allerdings im glücklichen Besitz einer bereits optimierten neuronalen Architektur. Denn der Homunkulus ist zum Beispiel in der Lage, die Hirnströme des bewusstlos auf der Couch liegenden Faust richtig als erotische Träume zu deuten. Er verfügt damit gleichzeitig auch über das, was seinem szientistischen Erzeuger fehlt: das kulturelle Gedächtnis. Er allein ist in der Lage, im Goethe'schen Sinne in »Bezügen« zu denken. Das heißt, er verfügt über jenes Gedächtnis, das ihm erlaubt, das Traumbild Fausts als die Zeugung der Helena zu deuten: als die mythische Vereinigung von Zeus in Gestalt eines Schwans mit Leda, der Gattin des Spartanerkönigs Tyndareus.

Homunkulus praktiziert also bereits das, was moderne Science Fiction als Vision kennt: er gehört zu den »happy few«, die aufgrund von Herrschaftswissen die Deutungshoheit über eine Mehrheit von Ignoranten beanspruchen könnten. Es ist jedenfalls ein Herrschaftswissen, das ihm erlaubt, das szientistische Menschenbild durch die Dimension der Kultur zu erweitern. Denn er verfügt noch über jenes alte Gedächtnis, dessen letzte Repräsentanten, Philemon und Baucis, Faust im Schlussakt der Tragödie auslöschen wird. Mit der Folge, dass bei dieser Gelegenheit auch die mit dem alten Gedächtnis verschwisterte Metaphysik eliminiert wird. Denn der unerkannt unter den Menschen wandelnde Göttervater Zeus, der bei Philemon und Baucis Gastrecht genoss, wird ebenfalls ermordet.

Wenn Goethe erklärt: »Wir würden ja noch in der Barbarei leben, wenn nicht jene Überreste des Altertums in verschiedner Gestalt vorhanden wären« (*zu Carl Julius Sillig am 30.7.1830*), so repräsentiert Homunkulus die Gegenwelt. Denn er besitzt nicht nur die Deutungshoheit über die Träume Fausts, sondern er kennt auch den Weg zu den »Überresten des Altertums«. Er allein kennt Ort und Stunde der *Klassischen Walpurgisnacht*, die sich hier in den »Überresten des Altertums« ereignet. Und er sucht hier das, was man in der Bioethik-Debatte inzwischen als Grundrecht des Menschen diskutiert: das Recht auf Existenz. Das heißt, er will eigentlich das, was Goethe in den *Lehrjahren* empfiehlt: »Gedenke zu leben! Wage es, glücklich zu sein!«

Hier also, am Ort der *Klassischen Walpurgisnacht*, hofft Homunkulus, sein Glück zu finden. Er findet es beim Vorsokratiker Thales, dem hier der Meeresgott Proteus assistiert. Der Rat, den er erhält, ist allerdings an Radikalität schwer zu übertreffen. Jenseits aller Allmachts-Phantasien zur Optimierung des Menschen weist Thales nämlich den Weg zurück zum Anfang der biologischen Evolution des Lebens. Also dreieinhalb Milliarden Jahre zurück in die tiefsten Tiefen des Ozeans. Dort, wo vermutlich mithilfe vulkanischer Glut sich die ersten biochemischen Prozesse des Lebens ereigneten. Dies ist allerdings eine alle menschliche Geduld übersteigende Glücks-Empfehlung: eine Wiederholung der Schöpfung mit ungewissem Ausgang.

Die Rückreise aber zum Anfang der Schöpfung tritt Homunkulus dennoch an. In den *Felsbuchten des ägäischen Meers* erläutert ihm Proteus, indem er Darwin antizipiert, den Gang der Evolution: »Im weiten Meere mußt du anbeginnen! / Da fängt man erst im Kleinen an / Und freut sich Kleinste zu verschlingen, / Man wächst so nach und nach heran, / Und bildet sich zu höherem Vollbringen.« Und Thales ermuntert ihn, die evolutionäre Reise anzutreten: »Gib nach dem löblichen Verlangen / Von vorn die Schöpfung anzufangen […]! / Da regst du dich nach ewigen Normen, / Durch tausend abertausend Formen, / Und bis zum Menschen hast du Zeit.« Eine Aufforderung, die allerdings vom Meeresgott Proteus korrigiert wird.

Und es ist eine abgründige Korrektur. Denn was Proteus meint, ist nichts Geringeres als der endgültige Abschied von der alten Vorstellung des Menschen als geglücktem Ergebnis der Evolution: »Nur strebe nicht nach höheren Orden, / Denn bist du erst ein Mensch geworden, / Dann ist es völlig aus mit dir.« (alle Zitate: *Faust II, 2. Akt, Felsbuchten des ägäischen Meers*)

Homunkulus aber, der zunächst »voller Ungeduld« entstehen wollte, muss jetzt seine Ungeduld kompensieren auf dem Wege einer gigantischen Entschleunigung. Was die Vermutung zulässt, dass das posthumane Glück verstanden werden kann als Befreiungs-Prozess vom ontologischen Defekt der (faustischen) Ungeduld. Allerdings dürfte die Möglichkeit eines vom Unglück der Ungeduld befreiten neuen Phänotyps des Menschen als Ergebnis einer zweiten Evolution gegen Null tendieren. Denn nach allem, was bekannt ist, verdankt sich bereits die zurückliegende Hominidenevolution einem schwer wiederholbaren »Zufall«. Beruht sie doch über Millionen Jahre hinweg auf sehr kleinen Populationsisolaten, die ununterbrochen von der Ausrottung bedroht waren.

Das heißt, Goethes Homunkulus geht zwar den Weg der evolutionären Stammesgeschichte zurück. Aber er geht von dort aus neue Wege nach vorne in Richtung eines posthumanen Glücks. Sollte allerdings dieser Prozess einer zweiten biologischen Evolution glücken, so könnte damit auch der Abschied gelingen von jener unglücklichen Verfasstheit des Menschen, die Goethe verstanden hat als »verdüstert und beschränkt«. Er deutet dies jedenfalls an durch seinen Hinweis (*gegenüber Eckermann am 16.12.1829*) zum Verständnis des Homunkulus. Er charakterisiert ihn als ein »geistiges Wesen«, das den großen Vorzug habe, »durch eine vollkommene Menschwerdung noch nicht verdüstert und beschränkt« zu sein.

Bereits ein Jahr vorher hatte Goethe im Gespräch mit Eckermann (*am 23.10.1828*) die Konturen einer »vollkommenen

Menschwerdung« angedeutet. Er beginnt mit der Vermutung, die Menschheit scheine vielleicht »auf Millionen« Jahre angelegt zu sein. Aber es bestehe keine Hoffnung, dass es ihr gelingen könnte, »besser, glücklicher und tatkräftiger« zu werden. Dies sei nur möglich in einer fernen »Verjüngungs-Epoche«. Sie könne erst beginnen, wenn Gott »abermals alles zusammenschlagen muß« zugunsten dieser »Verjüngungs-Epoche« der Menschheit. Mit der naheliegenden Folge, dass es erst in der neuen verjüngten Epoche der Menschheit gelingen könnte, »besser, glücklicher und tatkräftiger« zu werden. Eine enttäuschende Nachricht, zumindest für die derzeitige Menschheit. Gleichwohl habe Goethe, wie Eckermann berichtet, diese Entwicklung in »besonders guter, erhöhter Stimmung« vorgetragen.

Immerhin hat Goethe die Biographie des Homunkulus seinen Zeitgenossen vorenthalten, hat er doch vorsorglich den zweiten Teil der *Faust*-Tragödie versiegelt. Wollte er seinen Lesern die Vision eines Salto mortale rückwärts aus der Großhirn-Epoche der faustischen Ungeduld ersparen? Das klingt nach Eskapismus und reflektiert doch nur Goethes Einsicht im *West-östlichen Divan* in die derzeitige, jedoch zu korrigierende Verfasstheit des Menschen: »nie klug« zu sein »zur rechten Zeit«: »›Warum ist Wahrheit fern und weit? / Birgt sich hinab in tiefste Gründe?‹ / Niemand versteht zur rechten Zeit! – / Wenn man zur rechten Zeit verstünde, / So wäre Wahrheit nah und breit, / Und wäre lieblich und gelinde.« (*Buch der Sprüche*)

Goethes neuer Homunkulus wäre also wahrscheinlich klug »zur rechten Zeit« – und Wahrheit wäre »nah und breit«. Und vielleicht würde er dann auch nicht mehr jenen Fehler aufweisen, den Mephisto gegenüber dem Herrn der alten Schöpfung moniert: »Er nennt's Vernunft und braucht's allein, / Nur tierischer als jedes Tier zu sein.« (*Faust I, Prolog im Himmel)*

13. Kapitel
Das Glück des Zufalls

Famulus Wagner hatte sein Homunkulus-Experiment mit der Glücks-Vorstellung verbunden, dass die szientistische Evolution in der Lage sei, dem »Zufall« zu trotzen: »Ein großer Vorsatz scheint im Anfang toll, / Doch wollen wir des Zufalls künftig lachen« (*Faust II, 2. Akt, Laboratorium*). Womit auch Wagner offenbar im Sinne des erwähnten Gesprächs Goethes mit Eckermann (*am 23.10.1828*) die Hominiden-Evolution als unglücklichen »Zufall« der »Schöpfung« betrachtet, den es szientistisch zu korrigieren gilt. Es sei denn, Gott selbst übernehme – wie es Goethe gegenüber Eckermann andeutet – diese Aufgabe: »Ich sehe die Zeit kommen, wo Gott keine Freude mehr an ihr [der Menschheit] hat und er abermals Alles zusammenschlagen muß.«

Korrekturmöglichkeiten des unglücklichen Zufalls also auf künstlichem oder metaphysischem Wege! Goethe kennt jedoch noch eine andere Möglichkeit des Umgangs mit dem Zufall. Denn zu seiner Empfehlung »Wage es, glücklich zu sein!« gehört auch die Ermutigung, den Zufall zu bändigen. In einem Aphorismus hat Goethe diese Glücksstrategie festgehalten: »Den Zufall bändige zum Glück« (*Gott und die Welt; Die Weisen und die Leute. Epikur*). Und am 27. Januar 1824 erläutert er gegenüber Eckermann ausführlich, wie weit es ihm selbst gelungen ist, diesen Rat zu befolgen:

> Man hat mich immer als einen vom Glück besonders Begünstigten gepriesen; auch will ich mich nicht beklagen und den Gang meines Lebens nicht schelten. Allein im Grunde ist es nichts als Mühe und Arbeit gewesen, und ich kann

wohl sagen, daß ich in meinen fünf und siebzig Jahren keine vier Wochen eigentliches Behagen gehabt. Es war das ewige Wälzen eines Steines, der immer von neuem gehoben sein wollte. Meine Annalen werden es deutlich machen, was hiemit gesagt ist.

Wie es gelingen kann, den Stein des Zufalls in Richtung des Glücks zu wälzen, darüber hat Goethe früh reflektiert. Das Ergebnis hat er seinem »Urfreund«, dem Prinzenerzieher Karl Ludwig von Knebel, offenbart. Es sind Gedanken, die Knebel dann seiner Schwester Henriette in einem ausführlichen Brief vom 28. November 1784 mitteilt:

Daß wir nicht überall ganz glücklich sind [...] das ist nicht zu vermeiden. Erlaube mir, daß ich in dem, was ich Dir sagen will, mir Goethens Weisheit etwas zu Hülfe rufe! Er hat sie mir zwar weniger gesagt als angedeutet, [...] und sie wird sich auch Dir, als eine richtige und wahrheitsvolle schon jetzt andeuten und stets mehr aufklären.

Der Mensch nämlich ist weder zum Glück noch zum Unglück geschaffen; er ist geschaffen, daß er da sei; die Ordnung der Dinge rief ihn hervor. In dieser Ordnung ist er ausgerüstet zum Glück oder Unglück. Das Schicksal, das ihn von außen treibt, legt ihn, wenn ich so sagen darf, zwischen wechselseitige Schalen. Jedem ist nach seinem Maße eine gute Portion Glück zugeteilt, das er sich nicht gegeben hat, das ihm zufällig, gleichsam aus der Hand des Schicksals, kömmt [...]. Und auch ist in dem Leben eine fast unvermeidliche Portion Elend, das die Besten und Glücklichsten auch gefühlt haben. [...] In Betracht der Sache selbst finden wir, daß selbst dem Unglücklichsten vor unseren Augen oft da Hülfe, Glück und Genuß zugeteilt ist, wo wir es nicht erraten [...]. Die Abwechslung scheint sogar in dem gemeinen Laufe der Dinge notwendig.

> Durch diese beiden Schicksale oder Gesetze der Notwendigkeit geht nun, wenn ich so sagen darf, ein elektrischer oder magnetischer Faden, der das Gute von den Dingen zu erhalten sucht und an sich reißt, und das Böse von sich stößt. Dies ist die Kraft des Geistes. Sie beweist sich darin, daß sie das Gute fixiert und dauerhaft macht, und deshalb, obgleich allem zufälligen Glück bereit, dennoch nichts zuläßt, was ihr das Gefühl davon zu einer andern Zeit benehmen könnte [...]. Sie [die Kraft des Geistes] hat sich vieler dauerhafter Dinge bemeistert, die ihr das Schicksal nicht nehmen kann [...]; sie hat ruhig dulden gelernt und wird also zur Zeit des zögernden Schicksals nicht erdrückt, und was sie nun noch verlieren kann, sind meist nur Spiele, die sie nie anders betrachtet, und die sich zur Zeit des Glücks gar leicht wieder anhängen.

Eine Glückslehre Goethes, die sich verlässt auf den »elektrischen oder magnetischen Faden« der Orientierung zwischen den »wechselseitigen Schalen« des vom »Schicksal« bestimmten Glücks und Unglücks. Eine Orientierung also, die auf der Überzeugung beruht, dass »jedem nach seinem Maße auch eine gute Portion Glück zugeteilt ist«. Und diese letztlich dem Zufall geschuldete Portion Glück ist es, die durch die »Kraft des Geistes« zu »bändigen« und »dauerhaft« zu machen ist. Diese »Kraft des Geistes« wird Goethe denn auch in demselben Jahr (1784) gegenüber Frau von Stein rühmen: »Uns [...] ist nichts willkommner als was die Gewalt des Geistes ausbreitet und befestigt.« (*Brief vom 17.6.1784*)

Dabei hat Goethe die »Gewalt des Geistes« vor allem verstanden: als »Gegenwart des Geists«: »Viel Rettungsmittel bietest du! was heißt's / Die beste Rettung: Gegenwart des Geists« (*Sprichwörtlich*). Um endgültig in den *Lehrjahren* die Verbindung von Kraft und Gegenwart des Geistes als das Glück zu verstehen, das jeder »unter den Händen« hat: »Jeder hat sein eigen Glück unter den Händen, wie der Künstler eine rohe Materie, die er zu einer Gestalt umbilden will. Aber es ist mit dieser Kunst wie mit allem; nur die Fähigkeit dazu wird uns angeboren, sie will gelernt und sorgfältig ausgeübt sein.« (*Lehrjahre, I, 17*)

Auch hier geht es also letztlich darum, die »rohe Materie« des Zufalls zum Glück zu bändigen. Es ist allerdings die Kunst, die nur der beherrscht, der sie lernt und »sorgfältig ausübt«. Ein übungsgeleitetes Glück also, dessen Beherrschung man auch als »Verdienst« bezeichnen kann. Und zwar in dem Sinne, wie es Mephisto meint in dem Wissen, dass nur wenige erkennen: »Wie sich Verdienst und Glück verketten / Das fällt den Toren niemals ein; / Wenn sie den Stein der Weisen hätten / Der Weise mangelte dem Stein.« (*Faust II, 1. Akt, Saal des Thrones*)

Dass diese »Kunst sorgfältig ausgeübt sein will«, gibt auch den Blick frei auf die Täler des Unglücks und der Verzweiflung, die es notfalls zu durchwandern gilt, ohne darin umzukommen. Goethe hat im *West-östlichen Divan* lakonisch eine Strategie für das Durchwandern dieser Täler festgehalten: »Prüft das Geschick dich, weiß es wohl warum: / Es wünschte dich enthaltsam! / Folge stumm!« (*Buch der Sprüche*)

Goethe hat diese Strategie jedenfalls selbst praktiziert mit nachdenklichem Ergebnis: »Wohl kamst du durch; so ging es allenfalls. / Mach's einer nach und breche nicht den Hals« (*Zahme Xenien VI*). Es ist nur »allenfalls« gegangen. Und dies nur deshalb, weil zur »Gegenwart des Geists« bei Goethe immer auch das Bewusstsein der lebenssichernden Mitte gehört. Es ist ein Bewusstsein, das Goethe auch zu einer grundsätzlichen Einsicht in das Phänomen der Krankheit geführt hat: »Suche nicht vergebne Heilung! / Unsrer Krankheit schwer Geheimnis / Schwankt zwischen Übereilung / Und Versäumnis« (*Sprichwörtlich*). Eine Einsicht, die gleichzeitig die Umrisse einer selbsttherapeutischen Kompetenz bei Goethe sichtbar werden lässt. Das heißt, um »durchzukommen« hat Goethe offenbar etwas entwickelt, was man als »Immundispositiv« bezeichnen könnte. Und dies im Sinne der lebenswissenschaftlichen Erkenntnis: der Homöostase. Denn für das Überleben eines Organismus ist nichts wichtiger als die Aufrechterhaltung eines inneren Milieus im Sinne von Gleichgewicht und zur Stärkung der Resilienz. Der französische Physiologe Claude Bernard hat daher die Homöostase sogar als »Voraussetzung des freien Lebens« bezeichnet. Goethe beherrschte offenbar diese Kunst des bewusst-unbewussten Aufrechterhaltens seines eigenen Immundispositivs. Eine glückliche Fähigkeit, die jedenfalls im Widerspruch steht zur allgemeinen Mentalitätsgeschichte der Miserabilität, in der diese glückliche Fähigkeit gar nicht vorgesehen ist und die Zuversicht fehlt, dass glückliche Momente wiederkehren können. Goethes Immundispositiv also eine Art Basislager für die Wiederholung glücklicher Momente. Und zwar in Gestalt eines sicheren Empfindens von Schwankungen der inneren Befindlichkeit. Dieses Gefühl trübt sich jedenfalls, sobald das autonome Gleichgewicht ins Wanken gerät, wie zum Beispiel bei einem Anfall von Migräne.

Goethe selbst hat dieses Gefühl für das Wanken des Gleichgewichts sogar mit den Schwankungen des Schicksals in Verbindung gebracht. Gegenüber Eckermann offenbarte er am 11. März 1828: »Des Menschen Verdüsterungen und Erleuchtungen machen sein Schicksal! Es täte uns Not, daß der Dämon uns täglich am Gängelbande führte und uns sagte und triebe, was immer zu tun sei.« Goethe lehrt, auf diesen »Dämon« zu hören, um zu erfahren, »was immer zu tun sei«. Eine Glücks-Strategie, bei der sich dieses Bewusstsein, »was immer zu tun sei«, durchaus auch naturwissenschaftlich bestimmen ließe als ein von Hormonen und speziellen Nervenzellen und -geflechten gesteuertes Bewusstsein, der Homöostase. Immerhin ist im frühen 20. Jahrhundert entdeckt worden, dass Hormone und Nervenzellen in einem weitgehend autonom funktionierenden Verbund organisiert sind, dem vegetativen Nervensystem. Es ist jenes Nervensystem, das auch zugerechnet werden könnte der bereits erwähnten großen »Vernunft des Leibes«, von der Nietzsche spricht. Gemeint ist das vegetative Nervensystem mit seinen beiden Teilen, dem Sympathicus und dem Parasympathicus. Sie wirken im Normalfall einträchtig zusammen, und im Zustand der Harmonie von Sympathicus und Parasympathicus fühlt der Mensch sich wohl und glücklich. Goethe verfügte offenbar über ein hoch entwickeltes Sensorium für Störungen dieser Harmonie – Störungen, die es zu überwinden gilt. Und dies im Sinne einer positiven Antwort auf die Frage im *West-östlichen Divan*: »Worauf kommt es überall an / Daß der Mensch gesundet?« (*Buch des Sängers*). Goethe hat jedenfalls für sich selbst immer wieder versucht, dieses Glück des Gleichgewichts herzustellen durch einen lebensbegleitenden »Kunstgriff«, den er in *Dichtung und Wahrheit* offenbart hat: »Und so begann diejenige Richtung, von der ich mein ganzes Leben über nicht abweichen konnte, nämlich dasjenige, was mich erfreute oder quälte, oder sonst beschäftigte, in ein Bild, ein Gedicht zu verwandeln und darüber mit mir selbst abzuschließen.« (7. *Buch*) – Ein Kunstgriff, den auch Heinrich Heine rühmen wird: »Krankheit ist wohl der letzte Grund / Des Schöpfungsdrangs gewesen; / Erschaffend konnte ich genesen, / Erschaffend wurde ich gesund.« (*Schöpfungslieder*)

14. Kapitel
Der Stein des »guten Glücks«

Die Glückslehre, die sein Jugendfreund Knebel festhielt, hat Goethe in Weimar schließlich selbst symbolisch gestaltet. Und zwar in der Nähe seines Gartenhauses im Park an der Ilm als ein Denkmal der Bändigung des Zufalls zum Glück durch die erwähnte »Kraft« und »Gegenwart« des Geistes.

Goethe hat dem 1777 errichteten Denkmal in diesem Sinne auch einen Namen gegeben: Es ist der »Stein des guten Glücks« mit einer auf einem Kubus liegenden Kugel. Die Kugel, die bewegliche, schwankende Göttin des Glücks, wird durch den stabilen Kubus darunter zur Ruhe gebracht. Jene bewegliche, schwankende Göttin, der Goethe im Gedicht *Das Göttliche* bereits ein »Denkmal« gesetzt hatte: »Das Glück / Tappt unter die Menge, / Faßt bald des Knaben / Lockige Unschuld, / Bald auch den kahlen / Schuldigen Scheitel.« Jene Göttin also, von der Goethe wusste: »Auf des Glückes großer Waage / Steht die Zunge selten ein« (*Kophtisches Lied*). Die »große Waage« des Glücks steht in diesem Denkmal jedenfalls still – und auch der Zufall ist hier gebändigt zum Glück, so dass für dieses Glück sogar Goethes Wort in *Dichtung und Wahrheit* (*16. Buch*) gilt: »Wie man zu sagen pflegt: daß kein Unglück allein komme, so läßt sich auch wohl bemerken, daß es mit dem Glück ähnlicherweise beschaffen sei«. Mit dem erläuternden Hinweis: Der Mensch müsse nur die Kraft haben, »das, was zusammengehört, an sich heranzuziehen«, um es so zu steigern zum »guten Glück«.

Dieses Denkmal, das zu den ersten nicht-figürlichen in Deutschland zählt, symbolisiert also die »Kraft« und die »Gegenwart« des Geistes, das Glück heranzuziehen aus den

Fluten des Zufalls. Goethe hat seine Bedeutung 1826 selbst erläutert mit Blick auf die durch den Kubus glücklich zur Ruhe gebrachte Kugel: »Ruhig vor Augen stehend, zeigt die Kugel sich dem Betrachtenden als ein befriedigtes, vollkommen in sich abgeschlossenes Wesen.« (*Rezension zu: Des jungen Feldjägers Kriegskamerad*).

Er hat allerdings das »zur Ruhe gebrachte« Glück noch um die Dimension erweitert, ohne die das Glück nicht dauerhaft genossen werden kann: Gemeint ist die Empfindung der Dankbarkeit als ständig mitklingender Orgelpunkt des Glücks. Denn das Glück und das Leben, beides kann nur im Echoraum der Dankbarkeit immer wieder neu und tief empfunden werden. Goethe hat diese Einsicht festgehalten in zwei Verszeilen, die er seinem Freund und Gönner, dem Großherzog Carl August, gewidmet hat: »Nur weil es dem Dank sich eignet, / Ist das Leben schätzenswert« (*An Personen; Carl August 1828*). Und Goethe wusste, wovon er sprach. Denn es war Carl August, der ihm auch das Glück des Gartenhauses geschenkt hatte: in der Nähe des Denkmals des »guten Glücks«.

Aber es ist für Goethe auch zugleich ein Dankbarkeitsdenkmal seines Glücks: der Liebe zu Charlotte von Stein. Hatte er ihr doch am 23. März 1781 geschrieben: »Wer lernt aus in der Liebe?« Goethe hat diesen dankbar empfundenen Prozess liebenden Lernens in *Wilhelm Meisters Wanderjahren* angedeutet: »Denn einen magischen Eindruck auf ein reines Gemüt bewirkt das Gewahrwerden der innigsten Dankbarkeit gegen irgend jemand, dem wir entscheidende Belehrung schuldig sind.« (*II, 7*)

Goethe kennt aber auch die Gegenwelt zum Glück der Dankbarkeit: den Neid. Es ist Eugenie in Goethes Fragment *Die natürliche Tochter*, die auf dieses Unglück hinweist: »Der Neider steht als Folie des Glücks« (*2. Aufzug, 5. Auftritt*). Goethe hat diese »Folie« des Glücks ein Leben lang für sich selbst im Auge behalten und hieraus die Summe gezogen: »Und was ich auch für Wege geloffen, / Aufm Neidpfad habt ihr mich nie getroffen« (*Sprichwörtlich*). Auf dem Neidpfad aber geht für Goethe vor allem der, dem es mangels Dankbarkeit nicht gelingt, genügsam zu sein. Auch die Genügsamkeit gehört also mit zu den Attributen des »guten Glücks«. Goethe hat sie im *West-östlichen Divan* sogar als die Tugend aller »Guten« erklärt: »Alle Guten sind genügsam« (*Buch des Paradieses*). Ja, er hat sie sogar als das »wahre Glück« gerühmt: »Das wahre Glück ist die Genügsamkeit, / Und die Genügsamkeit hat überall genug« (*Der Adler und die Taube*). Und Goethe wusste, dass auch dieses Glück nur ständiger Übung geschuldet ist: »Ich habe das Capitel von Genügsamkeit, Geduld [...] wohl und gründlich studiert, binn auch dabey etwas kluger geworden.« (*Brief an Friederike Oeser vom 13.2.1769*)

15. Kapitel
Das Glück der Liebe?

Friedrich Hebbel (*Goethes Biographie*) hat Goethe charakterisiert mit dem Bild: »Am Anfang ist es ein Punkt, der leise zum Kreise sich öffnet, aber, wachsend, umfasst dieser am Ende die Welt.« Eine Charakteristik, die man auch verstehen kann als Hinweis auf Goethes nahezu grenzenlosen Kosmos der Liebe. Eine wichtige Quelle für die Erkundung dieses Kosmos nennt Goethe selbst: »Fehlst du, / Laß dich's nicht betrüben: / Denn der Mangel führt zum Lieben; / Kannst dich nicht vom Fehl befrein, / Wirst du andern gern verzeihn.« (*Zahme Xenien III*)

Der Mangel also als ein Schlüssel, der das Tor öffnet zum Kosmos der Liebe? Ja, sogar zum Glück der Liebe? Goethe hat das Geheimnis dieses Schlüssels 1798 entdeckt in Wielands Übersetzung von *Die Ritter* des Aristophanes. Unter den Orakelparodien des Bakis und anderer griechischer Seher (zitiert bei Herodot) fand er die tiefsinnige Weissagung: »Nur der Mangel erhebt über dich selbst dich hinweg.« Es überrascht daher nicht, dass die Geburt der Liebe aus dem Geist des Mangels mächtige und sogar bis zum Himmel reichende Folgen hat. Und was Goethe hierbei in seiner Liebe zu Marianne von Willemer, der »Suleika« des *West-östlichen Divan*, als das Himmels-Glück der Liebe empfunden hat, das deutet er dort an: »Wer von reiner Lieb' entbrannt, / Wird vom lieben Gott erkannt« (*Buch der Betrachtungen*). Ein Glück, das Goethe sogar mit dem Prozess des »Entbrannt-seins« verbindet. Und dies mit einer weit reichenden Konsequenz, die er ebenfalls im *West-östlichen Divan* offenbart: »Findet sie ein Häufchen Asche, / Sagt sie: ›Der verbrannte mir‹.« (*Buch Suleika*)

Mit dem Entbrannt-sein aber fällt auch der Blick auf jene andere Apotheose der Liebe, die in der *Bergschluchten*-Szene der *Faust*-Tragödie wahre Triumphe feiert. Jene Vision Goethes, in der postmortal Gretchens Entbrannt-sein für Faust den Weg zum Glück eines neuen Lebens weist. Es ist das selige Leben einer Wiedergeburt, die Faust erfährt in Gestalt jener Liebe, die am Schluss des Chorus mysticus genannt wird: »Das Ewig-Weibliche / Zieht uns hinan.« Jenes »Ewig-Weibliche«, das durchaus in unmittelbarem Zusammenhang gesehen werden sollte mit jener schon erwähnten Wahrheit, die Goethe im Gedicht *Vermächtnis* definiert hat: »Was fruchtbar ist, allein ist wahr«. Und es ist diese wahre und reine Liebe, zu der sich in der *Bergschluchten*-Szene auch Pater Ecstaticus bekennt. Auch er sehnt sich ekstatisch nach dem reinen Zustand des Entbrannt-seins: »Ewiger Wonnebrand, / Glühendes Liebeband, / Siedender Schmerz der Brust, / Schäumende Gottes-Lust. / Pfeile durchdringet mich, / [...] / Blitze durchwettert mich«. Ein »Wonnebrand« im Geist der bereits erläuterten »Idee des Reinen«. Und Pater Ecstaticus weist selbst auf diesen Prozess des »Rein-werdens« hin: »Daß ja das Nichtige / Alles verflüchtige«. Erst dann »Glänze der Dauerstern / Ewiger Liebe Kern«.

Welches Glück aber ist gemeint mit dieser »Liebe Kern«? Gilt das, was sich postmortal im Jenseits der *Bergschluchten*-Szene ereignet, auch im Diesseits liebender Menschen? Goethe lässt jedenfalls keinen Zweifel daran, dass es sich letztlich um ein schmerzliches Glück handelt. Gemeint ist damit jenes Entbrannt-sein wahrhaft Liebender, die bereit sind zu Flammentod-Schmerzen, zum »siedenden Schmerz der Brust«. Goethe selbst hat diese Schmerzen der Liebesglut immer wieder erfahren. 1823, im großen Altersgedicht *Elegie*, hat er sie ergreifend offenbart: Nach dem Abschied des 74-jährigen Dichters von der 19-jährigen Ulrike von Levetzov ist diese *Elegie* auf der Rückreise von Karlsbad nach Weimar entstanden. Es ist das erschütternde Bekenntnis: »Doch nie geläng's, die innre Glut zu dämpfen! / Schon rast's und reißt in meiner Brust gewaltsam, / Wo Tod und Leben grausend sich bekämpfen.«

Es gehört zur wenig beachteten Goethe-Nähe Richard Wagners, dass er diesen Geist des rückhaltlosen Entbrannt-seins durch die Liebe durchaus in Goethes *Bergschluchten*-Szene erkannt hat. Dies lässt sich sogar bis in Versgestalt und Bildlichkeit von Richard Wagners *Tristan* verfolgen. Es sind Spuren eines ästhetischen Urerlebnisses, das Wagner am 17. April 1858 in einem Brief an Mathilde Wesendonck beschreibt. Aus seiner tiefen Einsicht in die *Bergschluchten*-Szene gelangt Wagner allerdings zur Überzeugung, dass die hier von Goethe geschilderte Liebe die »versäumte Gelegenheit« einer Liebe sei. Es sei eine Liebe des wahren »Heiles und der Erlösung«, die Faust zu Lebzeiten und nicht nach dem Tod hätte erfahren müssen. Richard Wagners Todeserotik im *Tristan* also als die »Korrektur« einer »versäumten Gelegenheit«? Jetzt in Gestalt einer rückhaltlos »entbrannten« Liebe, die in Tristans und Isoldes Todeserotik ihre Apotheose feiert? Immerhin lässt Wagners Brief an Mathilde Wesendonck diesen Schluss zu: »So heißt dieser Faust für mich eigentlich nur die versäumte Gelegenheit; und diese Gelegenheit war keine geringere, als die einzige des Heiles und der Erlösung. Das fühlt auch der graue Sünder schließlich, und sucht das Versäumte recht ersichtlich durch ein Schlußtableau nachzuholen – und so außerhalb liegend, nach dem Tode, wo's ihn nicht mehr geniert, sondern nur recht angenehm sein kann, von dem Engel an die Brust genommen, und gar wohl zu neuem Leben geweckt zu werden.«

Eine Goethe-Kritik, die Wagner noch in seinem letzten Lebensjahr wiederholt (*am 11.4.1882 gegenüber Cosima*): Es sei ihm unbegreiflich, warum Goethe »nach dieser furchtbaren Erschütterung durch Gretchen« Faust »mit einer dürftigen Werktätigkeit enden« lasse.

Goethe hat jedenfalls – und die *Elegie* zeigt es – die Liebe nicht in »dürftiger Werktätigkeit enden« lassen. Es ist die Wahrheit und das Glück einer Liebe, der Goethe einen ambivalenten Namen gegeben hat: Er nennt sie im *West-östlichen Divan* das »wunderlichste Buch der Bücher«. Dort heißt es über die Liebe: »Wunderlichstes Buch der Bücher / Ist das Buch der Liebe; / Aufmerksam hab' ich's gelesen: / Wenig Blätter Freuden, / Ganze Hefte Leiden; / Einen Abschnitt macht die Trennung. / Wiedersehen – ein klein Kapitel, / Fragmentarisch! Bände Kummers, / Mit Erklärungen verlängert, / Endlos, ohne Maß.« (*Buch der Liebe*)

Goethe hat es aufmerksam gelesen, das Buch der Liebe. Ja, er hat die Liebe durchaus auch enthusiastisch gefeiert wie in *Willkommen und Abschied*: »Und doch welch Glück, geliebt zu werden! / Und lieben, Götter, welch ein Glück!« Um dann gegenüber Riemer am 11. Juli 1810 aber auch zu offenbaren: »Lieben heißt leiden. Man kann sich nur gezwungen dazu entschließen, das heißt, man muß es nur, man will es nicht.«

Ein Liebes-Leidens-Glück also, eine nicht gewollte, aber »gezwungene« Verschränkung von »Lieben und Leiden«. Ein »Glück«, das Goethe ergänzt hat mit dem Hinweis: »Wenn man in der Liebe glücklich sein wolle, habe man sich des tiefsten Geheimnisses zu befleißigen« (*Dichtung und Wahrheit, 6. Buch*). Wie aber kann man sich eines solchen Geheimnisses »befleißigen«? Hat er es vielleicht im Roman *Die Wahlverwandtschaften* offenbart? Gegenüber Eckermann (*am 9.2.1829*) hat er jedenfalls angedeutet, es stecke in diesem Roman »mehr, als irgend jemand bei einmaligem Lesen aufzunehmen im Stande wäre«. Und in der Tat, was ist in diesem Buch »wunderlicher« als Charlottes Unglücks-Glücks-Antwort auf die Frage des Hauptmanns nach dem Glück der Liebe: »Wir haben nicht verschuldet, unglücklich zu werden, aber auch nicht verdient, zusammen glücklich zu sein« (*Wahlverwandtschaften II, 14*).

Und was ist »wunderlicher« als die leidenschaftliche Liebe zwischen Eduard und Ottilie? Mit dem Geheimnis-vollen Fazit: »Das Leben war ihnen ein Rätsel« – dessen Auflösung sie nur im Tod finden? Und dies mit der postmortalen Glücks-Aussicht: »Welch ein freundlicher Augenblick wird es sein, wenn sie dereinst wieder zusammen erwachen.«

Gilt auch hier Goethes Wort aus den *Paralipomena* zu *Faust II*: »Jeder Trost ist niederträchtig / Und Verzweiflung nur ist Pflicht«? Und wie steht es schließlich um das »wunderlichste Buch der Bücher« im Verhältnis zu den Liebes-Rechten der Ehe in diesem Roman? Jene Rechte, von der die Liebe glaubt, dass sie wie »alle anderen Rechte vor ihr verschwinden«? Sollte die Ehe, wie der englische Adlige im Roman bemerkt, deshalb nicht länger dauern als höchstens fünf Jahre? Zumal der Graf hinzufügt, dass allerdings die dritte Ehe unauflöslich sein sollte! Immerhin hat Goethe gegenüber Friedrich von Müller 1830 geäußert: Die Ehe sei als »Kultur-Errungenschaft des Christentums [...] von unschätzbarem Wert«. Um dann allerdings hinzuzufügen, »obgleich die Ehe eigentlich unnatürlich sei«.

16. Kapitel
Resümee:
Die Geburt des Glücks aus dem Geist der Verzweiflung

Wenn Nietzsche von den Deutschen behauptet, sie verstünden sich auf die »Schleichwege zum Chaos« (*Menschliches, Allzumenschliches*), so kann Goethe auch hier als der »Zwischenfall« in der »Geschichte der Deutschen« verstanden werden. Als der »Zwischenfall« eines Ausnahme-Menschen, der es gewagt hat, Wege aus einer »Verzweiflung« zu finden, die er selbst als »Pflicht« bezeichnet hat. Es ist die »Pflicht«, nicht im Chaos unterzugehen. Und zwar durch eine resolute Entschlossenheit, die sogar noch den »Zufall zum Glück« bändigt. Eine Entschlossenheit, die konsequent die Strategien des Glücks mobilisiert, vor allem gegen das Unglück einer totalen Mobilmachung der Welt im Zeichen des »ultra«. Das heißt, gegen eine Welt der Entgrenzung, der Ungeduld und der Maßlosigkeit, und dies in allen Bereichen des Lebens und mit der Folge der Selbstentfremdung des Menschen. Aber auch der Umwertung aller Werte im Zeichen einer absoluten Rangerhöhung jenes Wertes, den Karl Marx im Rückgriff auf ein Wort Mephistos beim Namen nennt: »Das höchste Gut« und »der wirkliche Geist aller Dinge« ist das Geld (*Nationalökonomie und Philosophie, 1844*).

Deutlich wurde, dass Goethes Strategien des Glücks der Versuch sind, »Regenbögen« zu schaffen vor »schwarzgrauem Grund«. Und zwar als Strategien einer übungs-verpflichteten Selbstüberwindung und Selbsterziehung aus dem Geist der Verzweiflung. Mit dem Fernziel einer »bedingten Zuverlässigkeit« des Menschen (*Maximen und Reflexionen, 299*). Denn »des lumpigen ist zu viel auf der Welt, und wenig zuverlässig, obgleich dem Gescheuten alles zuverlässig seyn sollte, wenn er nur einmal Stein für Stein und Stroh für Stroh nimmt« (*Brief an Charlotte von Stein vom 3.7.1780*). Weshalb es denn auch nicht überrascht, dass Goethes Strategien des Glücks immer wieder – gegen alle Versuchungen des »Postfaktischen« – empfehlen, »Stein für Stein und Stroh für Stroh« zu nehmen. Goethe hat sich auch sonst »unzeitgemäß« verhalten. Anders als die Deutschen von »vorgestern« und von »übermorgen« (*Nietzsche*) erweist er sich in der »Geschichte der Deutschen« als ein Folgenloser Glücks-»Zwischenfall«: Er ist der Deutsche des »Heute«. Denn er hat es gewagt zu behaupten, die einzige (Glücks-) »Göttin«, die er anbete, sei die Gegenwart.

Goethe empfiehlt im Interesse dieser »Göttin« vor allem das Übungs-Glück der Aufmerksamkeit. Denn »Aufmerksamkeit ist das Leben« (*Wanderjahre I, 6*). Und nur der Aufmerksamkeit gelingt das Schwierigste: »Stein für Stein und Stroh für Stroh« zu nehmen. Weshalb sich denn auch die Aufmerksamkeit empfiehlt als verlässliches Bollwerk gegen alle Tendenzen der Realitätsverweigerung. Vor allem in Gestalt »mephistophelischer« Erfindungen, wie die (Papier-)Geldschöpfung ohne Wertschöpfung oder das »Fratzengeisterspiel« virtueller Second Life-Welten für die Amüsier- und Spaßgesellschaft des kaiserlichen Hofes (*Faust II, 1. Akt, Rittersaal*).

Goethe hat sie aufgespart für die Nachgeborenen, diese übungs-verpflichteten Strategien, mit denen allein es gelingt, »Verdienst und Glück« zu »verketten«. Er hat sie vor allem aufgespart für die Leser jenes Teils der *Faust*-Tragödie, der besonders reich ist an Hindeutungen zur Beherzigung dieser »Verkettung« von »Verdienst und Glück«: des zweiten Teils des *Faust*, den Goethe vorsorglich versiegelt hat, weil er offenbar die Hoffnung auf Beherzigung zu seinen Lebzeiten aufgegeben hatte (*Brief an Wilhelm von Humboldt vom 17.3.1832*):

> Der Tag aber ist wirklich so absurd und konfus, daß ich mich überzeuge meine redlichen, lange verfolgten Bemühungen um dieses seltsame Gebäu würden schlecht belohnt und an den Strand getrieben, wie ein Wrack in Trümmern daliegen und von dem Dünenschutt der Stunden zunächst überschüttet werden. Verwirrende Lehre zu verwirrenden Handel waltet über die Welt.

Goethe wollte jedenfalls nicht, dass seine »redlichen, lange verfolgten Bemühungen« in die Hände jener vergesslichen »Legionäre des Augenblicks« (*Nietzsche, Vom Nutzen und Nachteil der Historie für das Leben*) fallen, die nur »vom Markt« her in sein Werk hineinsehen. Denn vom Markt her erscheint bekanntlich »alles dunkel und düster; / Und so sieht's auch der Herr Philister: / Der mag denn wohl verdrießlich sein / Und lebenslang verdrießlich bleiben«. Wer sich jedoch einlässt auf Goethes Strategien des Glücks, auf den wartet Vielversprechendes: »Kommt aber nur einmal herein! / [...] / Da ist's auf einmal farbig helle, / Geschicht' und Zierrat glänzt in Schnelle, / [...] / Erbaut euch und ergetzt die Augen!« (*Gedichte sind gemalte Fensterscheiben*)

»Farbig helle« wird hierbei, dass in Goethes Kosmos des Glücks auch Platz ist für das Unglück. Ihm gilt es als »erfahrener Landmann« zu begegnen: »Wenn Gott Unglück über uns sendet, gleicht er einem erfahrenen Landmann, der den Busen seines Ackers mit der schärfsten Pflugschar zerreißt, um es himmlischen Samen und Einflüssen zu öffnen« (*Götz von Berlichingen, 1. Fassung, Jaxthausen*). Oder wie es Goethe für Fritz, den jüngsten Sohn der Charlotte von Stein, festgehalten hat: »Unglück bildet den Menschen und zwingt ihn sich selber zu kennen, / Leiden gibt dem Gemüt doppeltes Streben und Kraft. / Uns lehrt eigener Schmerz, der andern Schmerzen zu teilen.« (*Fritz von Stein ins Stammbuch am 17.3.1785*)

Deutlich wurde aber auch, dass zum Kosmos des Glücks jenes in Vergessenheit geratene Rettungsmittel gehört, das Goethe noch in der Stunde des Unglücks erinnert: die Dankbarkeit: »Mit dem Gefühl des Verlustes, in das mich das Abscheiden meiner guten kleinen Frau versetzt, weiß ich nichts tröstlicher, als umherzuschauen, wie viel Gutes und Liebes mir noch übrig bleibe« (*Brief an Wilhelm von Humboldt vom 24.6.1816*). Auch diese Übung, das »Umherschauen« auf das übrig gebliebene »Gute und Liebe«, könnte bei Goethe also gelernt werden, um nicht einstimmen zu müssen in den Chor notorischer »Klagen auf hohem Niveau«.

Und auch dieses »Umherschauen« ist nichts anderes als die Notwendigkeit eines »Tätigseins« als grundsätzliche Bedingung des Glücks: »Nie hab ich so lebhaft gefühlt als hier [in Rom], daß der Mensch der das Gute will, eben so thätig [...] seyn müsse, als der Eigennützige, der Kleine, der Böse« (*Brief an Charlotte von Stein vom 2.12.1786*). Vielleicht hatte Nietzsche diese auf resolute Tätigkeit gegründete Glücksstrategie des Lebens und Überlebens im Auge, als er notierte (*Vom Nutzen und Nachteil der Historie für das Leben, 1886*):

> Über Goethe hat uns neuerdings jemand belehren wollen, dass er mit seinen 82 Jahren sich ausgelebt habe: und doch würde ich gern ein paar Jahre des ›ausgelebten‹ Goethe gegen ganze Wagen voll frischer hochmoderner Lebensläufte einhandeln, um noch einen Anteil an solchen Gesprächen zu haben, wie sie Goethe mit Eckermann führte, um auf diese Weise vor allen zeitgemaßen Belehrungen durch die Legionäre des Augenblicks bewahrt zu bleiben.

Gemeint sind damit auch jene Gespräche mit Eckermann, in denen nachzulesen ist, dass Goethe sich keineswegs geweigert hat, mit anderen auch das Begeisterungsglück zu teilen für den Fortschritt und dessen Erleichterungen für das Leben – von der

Zukunftsvision des Panamakanals bis hin zum Plan des Rhein-Donau-Kanals des Herzogs von Leuchtenberg. Dies allerdings stets begleitet vom Entschluss, an der Gegenwart als einziger »Göttin«, die es anzubeten gilt, festzuhalten: um vom »Heute« her das Leben nach vorwärts zu leben und es gleichzeitig nach rückwärts zu verstehen.

Die »Göttin« der Gegenwart aber will lebendig angebetet sein – von der Neugier und Begeisterung bis hin zur Leidenschaft. Und es ist das hierbei entstehende Glück der Be-Geistung durch Begeisterung, auf das Martin Walser aufmerksam macht, wenn er sagt: »Klassiker sind diejenigen, die uns beleben«. Es war daher notwendig, auch Goethes Spinoza-Begeisterung hervorzuheben. Es ist eine Begeisterung, die Goethe gleich zwei Quellen des Glücks erkennen ließ: die »Mäßigung« und den schöpferischen Wahrheitsbegriff der Natur: »Was fruchtbar ist, allein ist wahr« (*Vermächtnis*). Und dies alles begleitet von Spinozas Glücksmaxime: »Nicht lachen, nicht Trübsal blasen, nicht verachten, sondern Einsicht üben.« »Einsicht üben« aber bedeutet vor allem »tätige Skepsis: welche unablässig bemüht ist, sich selbst zu überwinden.« (*Maximen und Reflexionen, 299*)

Was Goethe aber statt dieser Strategie der Selbstüberwindung kommen sah, hat er Zelter beschrieben als das Unglück einer »reinen Selbstheit«. Diese sei der Todfeind der Humanität. Ja, der Egoismus wird für Goethe zum Zeichen einer »verrückten Zeit« schlechthin. Hatte doch bereits Napoleon eine handlungs- und wirkmächtige Ichhaftigkeit vor Augen geführt, die über Millionen Tote vorwärtsschritt. Hegel hatte in seiner Rechtsphilosophie noch versucht, die menschliche Gesellschaft als ein System zur Domestizierung der Egoismen aller Mitglieder zu beschreiben. Aber Goethe ahnte, dass die »ultra«-Tendenzen das Tor öffnen könnten zu einer heillosen Anarchie des Individualismus.

Goethes Strategien des Glücks müssen daher gesehen werden vor dem sich stark verdunkelnden Hintergrund jener »Verrücktheit«, die er in seinem Todesjahr beschreibt mit dem Bild »schlendrianischer Labyrinthe«, die es nicht mehr erlauben, eine »reine Selbstheit« auszubilden (*Brief an Zelter vom 27.1.1832*):

> Oft bedaure ich sie [die jungen Leute] daß sie in eine verrückte Zeit gekommen, wo ein starr-zäher Egoismus auf halbem oder gar falschem Wege sich verstockt und die reine Selbstheit sich auszubilden hindert. In der Folge, wenn ein freier Geist gewahr wird und ausspricht was gar wohl einzusehen und auszusprechen ist, so müssen gar viele gute Menschen in Verzweiflung geraten. Jetzt gängeln sie sich in schlendrianischen Labyrinthen und merken nicht was ihnen unterwegs bevorsteht.

Die »verrückte Zeit« aber ist für Goethe geprägt von der extremistischen Vernunft einer alle Lebensbereiche erfassenden »ultra«-Tendenz. Gegen das hieraus resultierende Chaos »allgemeiner Verwirrung« hat er Antonie von Brentano eine abgründige Strategie zur Sicherung des Glücks empfohlen: »Man muss sich selbst schonen, wo nichts geschont wird, und wie Diogenes sein Fass in der allgemeinen Verwirrung hin und her wälzen« (*Brief vom 16.1.1818*). Eine Strategie, die Goethe schon in den *Zahmen Xenien* genannt hatte: »So wälz' ich ohne Unterlaß, / Wie Sankt Diogenes, mein Faß« (*Genialisch Treiben*). Immerhin eine Heiligsprechung des Begründers des Kynismus also, jenes Diogenes von Sinope, den Goethe offenbar als einen Ahnherrn eigener Glücksstrategien verstanden hat. War es doch Diogenes, der sich in seiner Tonne ausdrücklich als »Weltbürger« bezeichnete und das Glück der Genügsamkeit praktizierte. Jene Genügsamkeit, die Goethe gerühmt hat: »Der größte Schatz ist Genügsamkeit.« (*Iffland, Nachspiel zu den »Hagestolzen«*)

Goethe empfiehlt diesen »größten Schatz« zwar zur Sicherung des Glücks im Chaos, aber er hat sich gleichwohl nicht gescheut, dem Chaos ungesichert ins Auge zu blicken. Gibt sich doch sein Mephisto selbst zu erkennen mit dem Satz: »Da steh' ich schon, / Des Chaos vielgeliebter Sohn!« Sogar seinen eigenen 80. Geburtstag hat Goethe mit dem Chaos gefeiert: Am 28. August 1829 wurde jene Zeitschrift gegründet, die den Namen »Chaos« trug. Ein Journal für den Salon von Goethes relativ chaotischer Schwiegertochter Ottilie. Goethe selbst verstand dieses Journal jedenfalls als »glückliche Erfindung« eines weltliterarischen Gesellschaftsspiels, das er unter starker innerer Beteiligung mit immerhin rund 30 Beiträgen »kynischer« Natur gefördert hat. Das heißt, mit ironischen Bemerkungen und Wortspielen. Er praktizierte hierbei vor allem die Glücksstrategie der Distanz durch »tätige Skepsis« gegenüber sich selbst. Eine Distanz, die er auch sonst gerühmt hat: »Ich liebe mir den heitern Mann / Am meisten unter meinen Gästen: / Wer sich nicht selbst zum Besten haben kann, / Der ist gewiß nicht von den Besten« (*Meine Wahl*). Und es ist sicher kein Zufall, dass Goethe sein eigenes poetisches Verfahren im zweiten Teil der *Faust*-Tragödie als »diese sehr ernsten Scherze« bezeichnet hat.

Goethe hat sogar versucht, auch die Geschichte im Zeichen einer Glücksstrategie der Distanz sich vom Leib zu halten: als »eine Masse von Torheiten und Schlechtigkeiten«. Mit dem Hinweis, dass hieraus »eigentlich niemand […] etwas lernen« könne (*gegenüber Friedrich von Müller am 17.12.1824*). »Geschichte schreiben« sei deshalb »eine Art, sich das Vergangene vom Halse zu schaffen« (*Maximen und Reflexionen, 193*). Ein distanzierendes Verfahren, das er denn auch in Gegenwart Eckermanns praktiziert hat an einem Wintertag beim Blick aus dem Fenster: »Besen werden immer stumpf gekehrt / Und Jungens immer geboren« (*zu Eckermann am 17.1.1827*). Das heißt, für Goethe war offenbar das Glück der Naivität nachwachsender Generationen eine Bedingung für das Fortbestehen der Geschichte überhaupt. Ein Glück der Naivität, das jedenfalls Mephisto beschreibt beim Anblick des Baccalaureus, der ihn mit den wenig schmeichelhaften Worten begrüßt: »Am besten wär's, euch zeitig totzuschlagen.« (*Faust II, 2. Akt, Hochgewölbtes enges, gotisches Zimmer*). Mephisto gewinnt durch Ironie Distanz zur jugendlichen »Masse von Torheiten« aus dem Mund des Bachelors, indem er ihn für sich selbst definiert als einen von den »Neusten«: er werde sich deshalb auch »grenzenlos erdreusten«. Und in der Tat bestätigt der Baccalaureus Mephistos Einschätzung. Er empfiehlt sich selbst mit den Worten: »Dies ist der Jugend edelster Beruf! / Die Welt, sie war nicht, eh' ich sie erschuf.«

Deutlich wurde auch, dass Goethe die Kommunikationsbeschleunigung als Vorreiter aller »ultra«-Prozesse der Moderne verstanden hat. Eine Tendenz, deren digitale Zukunft Goethe noch nicht kannte, aber bereits semantisch antizipierte. Kann er doch als der Erfinder des »Netzbegriffs« verstanden werden. In den späten Gedichten der *Chinesisch-Deutschen Jahres- und Tageszeiten* erkennt er sie bereits, die Unabänderlichkeit einer Zukunft des »graugestrickten Netzes«. Er erkennt es als ein »Netz«, das ihn »umfängt« in einer Welt, »wo nichts verharret, alles flieht, / Wo schon verschwunden, was man sieht.«

Aber er gewinnt gleichzeitig auch Distanz gegenüber dem »schwarzgrauen Grund« dieses »graugestrickten Netzes«: indem er an jene Wahrheit der Natur erinnert, die er 1829 gegenüber Eckermann charakterisiert: Die Natur dulde »gar keinen Spaß«, sie habe »immer Recht«. Die »Fehler und Irrtümer« seien »immer des Menschen«.

Weshalb er denn auch das Glück dieser Wahrheit der Natur ebenfalls in den *Chinesisch-Deutschen Jahres- und Tageszeiten* feiert als »das ewige Gesetz / Wonach die Ros' und Lilie blüht«.

Wobei für Goethe die Rose zugleich »Unwidersprechlich, allgemeines Zeugnis« für das höchste Glück ist: den Frieden. Denn für die Rose gilt: »Streitsucht verbannend, wundersam Ereignis!«

Deutlich wurde schließlich, dass Goethe sich keinen Illusionen hingegeben hat über die erwähnten anthropologischen Unglücks-Folgen der »ultra«-Tendenzen seiner Zeit: die Selbstentfremdung, die Umwertung aller Werte und den Egoismus. Goethe hat offenbar vor allem gegenüber diesen irreversiblen Tendenzen die »Verzweiflung« als »Pflicht« verstanden. Gleichwohl hat er durch »sehr ernste Scherze« in Gestalt des Homunkulus den Ausblick auf ein posthumanes Glück gewagt. Allerdings auf dem Umweg über eine Wiederholung der Evolution mit der abgründigen Warnung, hierbei nicht noch einmal nach »höheren Orden« zu streben: »Denn bist du erst ein Mensch geworden, / Dann ist es völlig aus mit dir (*Faust II*, 2. *Akt*, *Felsbuchten des ägäischen Meers*). Wobei Goethe – lange vor Darwin – davon überzeugt war, dass diese Wiederholung der Evolution seinen Anfang nur von dort nehmen kann, wo bereits die erste Evolution ihren Ursprung hatte: in den Tiefen des Ozeans. Der Ozean also als die reale Bedingung für seine Empfehlung des »Gedenke zu leben!«.

Droht aber nicht gerade hier diese Empfehlung Goethes ins Bodenlose zu stürzen? Kann der Mensch es wagen, »glücklich zu sein«, wenn diese unverzichtbare Bedingung des Lebens wegfallen sollte? Hatte doch Goethe den Vorsokratiker Thales die Urformel für den Ozean als Garant des Lebens erläutern lassen mit der flehentlichen Bitte: »Ozean gönn' uns Dein ewiges Walten. / Wenn Du nicht Wolken sendetest, / Nicht reiche Bäche spendetest, / Hin und her nicht Flüsse wendetest, / Die Ströme nicht vollendetest: / Was wären Gebirge, was Ebnen und Welt? / Du bist's der das frischeste Leben erhält« (*Faust II*, 2. *Akt*, *Felsbuchten des ägäischen Meers*).

Wird der Ozean als »Lebenserhaltungssystem« des Planeten den Menschen weiterhin sein »ewiges Walten« gönnen – als Bedingung der Empfehlung »Gedenke zu leben!«? Zeigt doch die jährliche Bilanz zum »Tag der Ozeane« (8. Juni; beschlossen 1992 anlässlich der Weltumweltkonferenz in Rio de Janeiro), dass das zentrale Ökosystem der Erde durch jahrzehntelange Vermüllung, Überfischung und anhaltend hohe Aufnahme von CO^2-Emissionen in seiner Existenz gravierend gefährdet ist. Eine Gefährdung mit der Aussicht auf eine Zukunft der Verzweiflung. Ist doch sichtbar geworden, dass Goethe selber das Glück einer Mäßigung bezweifelt angesichts jener schon in Spinozas Affektenlehre erkennbaren Macht menschlicher Triebkräfte. Das heißt, des über die Selbsterhaltung strebenden menschlichen Willens zur Selbststeigerung im Sinne jenes modernen Hedonismus, den Goethe in der *Kaiserpfalz* bereits antizipiert.

Vielleicht lässt sich vor diesem »schwarzgrauen« Hintergrund dennoch Mut schöpfen mit Blick auf Goethes eigene Haltung: Noch im Augenblick tiefster Verzweiflung hat er vertraut auf das Rettungsmittel eines schöpferischen »Enthusiasmus«. Er hat dies angedeutet im Hinblick auf seinen Plan, das *Demetrius*-Fragment Schillers nach dessen Tod zu vollenden: »Genug, aller Enthusiasmus, den die Verzweiflung bei einem großen Verlust in uns aufregt, hatte mich ergriffen.« (*Tag- und Jahreshefte 1805*)

Vielleicht ist es gelungen, vor dem Hintergrund dieses Spannungsverhältnisses von Enthusiasmus und Verzweiflung Goethes Anthropologie des Glücks verständlich werden zu lassen im Sinne einer pessimistischen Zuversicht. Der Professor und Historiker in Jena, Heinrich Luden, hat am 19. August 1806 nach einem Gespräch mit Goethe festgehalten, was jedenfalls für Goethes Empfehlung »Gedenke zu leben! Wage es, glücklich zu sein!« auch weiterhin beherzigenswert erscheint:

> Die Menschen haben sich stets geängstigt und geplagt; sie haben sich untereinander gequält und gemartert; sie haben sich und anderen das bißchen Leben sauer gemacht, und die Schönheit der Welt und die Süßigkeit des Daseins, welche ihnen die schöne Welt darbietet, weder zu achten, noch zu genießen vermocht.

Ein Hinweis Goethes, der vielleicht gemeint sein könnte in der Notiz von Heiner Müller: »Die Erinnerung, der Dialog mit den Toten, darf nie abreißen, bis sie herausgeben, was an Zukunft mit ihnen begraben worden ist.«

Literaturhinweise

Die nachfolgenden Literaturhinweise sollen als Lektüre-Anregungen dienen für ein vertieftes Studium der in diesem Buch erörterten Thematik des Glücks bei Goethe. Um den essayistischen Charakter des Textes zu wahren, werden Fundstellen bei wichtigen Zitaten unmittelbar im laufenden Text genannt.

Wichtige Anregungen verdanke ich mehreren Publikationen Peter Sloterdijks, vor allem *Du musst dein Leben ändern* und *Die schrecklichen Kinder der Neuzeit*, sowie Michael Jaegers umfangreicher Studie *Wanderers Verstummen, Goethes Schweigen, Fausts Tragödie*. Zu danken habe ich vor allem Marianne Cadenbach für intensive redaktionelle Mitarbeit. Mein Dank gilt auch Nele Kaleck für hilfreiche Schreibarbeiten. Meiner Frau danke ich für das Lesen der Korrekturen.

I. Werkausgaben:

Goethes Werke werden überwiegend zitiert nach der Hamburger Ausgabe in 14 Bänden 16., durchges. Ausgabe, München, 1996.

Faust wird zitiert nach der Frankfurter Ausgabe: *Johann Wolfgang Goethe. Sämtliche Werke, Briefe, Tagebücher und Gespräche*, 40 Bände, Abteilung I, Bd. 7.1, hg. v. Albrecht Schöne, Frankfurt/Main 1994,

Briefe, Tagebücher und Gespräche stammen überwiegend aus der Frankfurter Ausgabe: *Johann Wolfgang Goethe: Sämtliche Werke. Briefe, Tagebücher und Gespräche*, 40 Bände, Abteilung II, 12 Bände, Frankfurt/Main 1991 1999.

Einzelne Gespräche stammen aus:

Goethes Gespräche in vier [fünf] Bänden, hg. v. Wolfgang Herwig, Zürich 1965–1987.

II. Weiterführende Literatur:

Anders, Günther: *Die Antiquiertheit des Menschen*, Bd. 1: *Über die Seele im Zeitalter der zweiten industriellen Revolution*, München 1956.

Anders, Günther: *Die Antiquiertheit des Menschen*, Bd. 2: *Über die Zerstörung des Lebens im Zeitalter der dritten industriellen Revolution*, München 1980.

Biedrzynski, Effi: *Goethes Weimar. Das Lexikon der Personen und Schauplätze*, Zürich 1992.

Blumenberg, Hans: *Die Sorge geht über den Fluß*, Frankfurt/Main 1987.

Bollmann, Stefan: *Warum ein Leben ohne Goethe sinnlos ist*, München 2016.

Borchmeyer, Dieter: *Weimarer Klassik. Porträt einer Epoche*, Weimar 1998 (aktualisierte Neuauflage).

Borchmeyer, Dieter: *Goethe. Der Zeitbürger*, München 1999.

Borchmeyer, Dieter: *Was ist deutsch? Die Suche einer Nation nach sich selbst*, Berlin 2017.

Boyle, Nicholas: *Goethe. Der Dichter in seiner Zeit*, Bd. 2, 1790–1803, München 1999.

Damm, Sigrid: *Christiane und Goethe. Eine Recherche*, Frankfurt/Main und Leipzig 1998.

Dorn, Thea: *Die Unglückseligen*, München 2016.

Engelhardt, Dietrich von: *Krankheit und Lebenskunst. Goethe als Patient im Urteil des Arztes, Naturphilosophen und Malers Carl Gustav Carus*, in: Andrea Bartl und Antonie Magen (Hg.), *Auf den Schultern des Anderen, Festschrift für Helmut Koopmann zum 75. Geburtstag*, Paderborn 2008.

Fohrmann, Jürgen: *Utopie und Untergang*, Königstein/Ts. 1983.

Friedenthal, Richard: *Goethe. Sein Leben und seine Zeit*, München 1964.

Frühwald, Wolfgang: *Das Talent, Deutsch zu schreiben. Goethe – Schiller – Thomas Mann*, Köln 2005.

Frühwald, Wolfgang: *Goethes Hochzeit*, Frankfurt/Main und Leipzig 2007.

Gersdorff, Dagmar von: *Goethes Mutter. Eine Biographie*, Frankfurt/Main und Leipzig 2001.

Goethe-Handbuch in vier Bänden, hg. von Bernd Witte, Theo Buck, Hans-Dietrich Dahnke, Regine Otto und Peter Schmidt, Stuttgart und Weimar 1996–1998.

Grünbein, Durs: *Warum schriftlos leben. Aufsätze*, Frankfurt/Main 2003.
Gülke, Peter: *Kultur in Weimar*, Weimar 2011.
Habermas, Jürgen: *Die Zukunft der menschlichen Natur. Auf dem Weg zu einer liberalen Eugenik?* Frankfurt/Main 1969.
Hansen, Volkmar: *Haupt- und Nebenwege zu Goethe*, Frankfurt/Main 2005.
Hebbel, Friedrich: *Tagebücher*. 3 Bände, hg. v. Karl Pörnbacher, München 1984.
Hinderer, Walter / Bormann, Alexander von / Graevenitz, Gerhart von (Hg.): *Goethe und das Zeitalter der Romantik*, Würzburg 2002.
Hirschhausen, Eckart von: *Glück kommt selten allein*, Hamburg 2009.
Hörisch, Jochen: *Gott, Geld und Glück*, Frankfurt/Main 1983.
Jaeger, Michael: *Wanderers Verstummen, Goethes Schweigen, Fausts Tragödie*, Würzburg 2014.
Jaeger, Michael: F*austs Kolonie. Goethes kritische Phänomenologie der Moderne*, Würzburg 2004.
Kafka, Franz: *Tagebücher in der Fassung der Handschrift*, hg. v. Hans Gerd Koch, Michael Müller und Malcolm Pasley, Frankfurt/Main 1990, S. 1024.
Kleßmann, Eckart: *Christiane. Goethes Geliebte und Gefährtin*, Zürich 1993.
Knoepffler, Nikolaus / Savulescu, Julian (Hg.): *Der neue Mensch? Enhancement und Genetik*, Freiburg 2009.
Lohmeyer, Dorothea: *Faust und die Welt: Der zweite Teil der Dichtung. Eine Anleitung zum Lesen des Textes*, München 1975.
Marx, Karl: *Das Kapital. Kritik der politischen Ökonomie*, in: *Marx-Engels-Gesamtausgabe*, Bd. 23, Berlin 1974.
Mittelstraß, Jürgen: *Leonardo-Welt. Über Wissenschaft, Forschung und Verantwortung*, Frankfurt/Main 1992.
Mommsen, Katharina: *Goethe und die arabische Welt*, Frankfurt/Main 1988.
Mosebach, Martin: *Schöne Literatur. Essays*, München 2006.
Müller, Oliver: *Zwischen Mensch und Maschine. Vom Glück und Unglück des Homo faber*, Berlin 2010.
Müller, Oliver / Clausen, Jens / Maio, Giovanni (Hg.): *Das technisierte Gehirn. Neurotechnologien als Herausforderung für Ethik und Anthropologie*, Paderborn 2009.

Müller, Oliver / Heilinger, Jan-Christoph: *Zehn Thesen zur »Natur des Menschen«. Grundriss einer Anthropologie*, in: Detlev Ganten, Volker Gerhardt, Jan-Christoph Heilinger und Julian Nida-Rümelin (Hg.): *Was ist der Mensch? Humanprojekt 3*, Berlin 2008.

Muschg, Adolf: *Goethe als Emigrant*, Frankfurt/Main 1986.

Muschg, Adolf: *Der Schein trügt nicht. Über Goethe*, Frankfurt/Main 2004.

Mittelstraß, Jürgen: *Leonardo-Welt. Über Wissenschaft, Forschung und Verantwortung*, Frankfurt/Main 1992.

Nietzsche, Friedrich: *Jugendschriften* 1854–1861, hg. von Hans Joachim Mette, München 1994.

Nietzsche, Friedrich: *Sämtliche Briefe. Kritische Studienausgabe*, hg. von Giorgio Colli u. Mazzino Montinari, 8 Bände, München 1986.

Nietzsche, Friedrich: *Sämtliche Werke. Kritische Studienausgabe*, hg. von Giorgio Colli u. Mazzino Montinari, 15 Bände, München / New York 1980.

Nietzsche, Friedrich: *Werke*, hg. von Karl Schlechta, 3 Bände, München 1954–1956.

Oellers, Norbert: *Friedrich Schiller. Johann Wolfgang Goethe. Der Briefwechsel*, 2 Bde, Stuttgart 2009

Ortheil, Hanns-Josef: *Faustinas Küsse*, München 1998.

Osten, Manfred: *Homunculus. Die künstliche Optimierung des Menschen und der Verlust der Gedächtniskultur*, in: *Blätter des Deutschen Theaters 3*, Berlin 2006.

Osten, Manfred: *»Alles veloziferisch« oder Goethes Entdeckung der Langsamkeit*, Frankfurt/Main 2003.

Perels, Christoph: *Dichterwege. Eine kleine Goethe-Biographie*, Stuttgart 1999.

Prossliner, Johann (Hg.): *Lexikon der Nietzsche-Zitate*, München 1999.

Rosa, Hartmut: *Beschleunigung. Die Veränderung der Zeitstrukturen in der Moderne*, Frankfurt/Main 2005.

Safranski, Rüdiger: *Goethe. Kunstwerk des Lebens. Biographie*, München 2013.

Schipperges, Heinrich: *Goethe. Seine Kunst zu leben. Betrachtungen aus der Sicht des Arztes*, Frankfurt/Main 1996

Schöne, Albrecht: *Kommentare zu Goethes Faust*, in: *Johann Wolfgang Goethe. Sämtliche Werke, Briefe, Tagebücher und Gespräche*, Frankfurt/Main 1994, Abteilung I, Band 7.2.

Schöne, Albrecht: *Der Briefschreiber Goethe*, München 2015.

Seemann, Annette: *Weimar: Eine Kulturgeschichte*, München 2012.
Seemann, Hellmut: *Anna Amalia, Carl August und das Ereignis Weimar*, Göttingen 2007.
Seemann, Hellmut: *Europa und Weimar: Visionen eines Kontinents*, Göttingen 2008.
Seibt, Gustav: *Goethe und Napoleon. Eine historische Begegnung*, München 2008.
Seibt, Gustav: *Goethes Autorität. Aufsätze und Reden*, Springe 2008.
Seibt, Gustav: *Mit einer Art von Wut. Goethe in der Revolution*, München 2014.
Sengle, Friedrich: *Das Genie und sein Fürst. Die Geschichte der Lebensgemeinschaft Goethes mit dem Herzog Carl August von Sachsen-Weimar-Eisenach*, Stuttgart und Weimar 1993.
Simmel, Georg: *Philosophie des Geldes*, in: *Gesamtausgabe*, Bd. 6, hg. von David P. Frisby und Klaus Christian Köhnke, Frankfurt/Main 1989.
Sloterdijk, Peter: *Die schrecklichen Kinder der Neuzeit*, Berlin 2014.
Sloterdijk, Peter: *Zeilen und Tage. Notizen 2008–2011*, Berlin 2012.
Sloterdijk, Peter: *Du mußt dein Leben ändern. Über Anthropotechnik*, Frankfurt/Main 2009.
Sloterdijk, Peter: *Regeln für den Menschenpark. Ein Antwortschreiben zu Heideggers Brief über den Humanismus*, Frankfurt/Main 1999.
Wagenknecht, Sahra: *Reichtum ohne Gier*, Frankfurt/New York 2016.
Wagner, Cosima: *Die Tagebücher*, hg. u. komm. v. Martin Gregor-Dellin u. Dietrich Mack, 2 Bände, München 1976–1978.
Wagner, Richard: *Gesammelte Schriften und Dichtungen*, 10 Bände, 2. Aufl., Leipzig 1887–1888.
Wagner, Richard: *Mein Leben*, hg. v. Martin-Gregor Dellin, München 1963.
Wagner, Richard: *Sämtliche Schriften und Dichtungen. Volksausgabe*, 16 Bände, Leipzig 1911–1916.
Walser, Martin: *Ein liebender Mann*, Hamburg 2008.
Wingertszahn, Christof: *Anton Reiser und die ›Michelein‹*, Hannover 2002

Bibliografische Information der Deutschen Nationalbibliothek
Die Deutsche Nationalbibliothek verzeichnet diese Publikation in der Deutschen Nationalbibliografie; detaillierte bibliografische Daten sind im Internet über http://dnb.d-nb.de abrufbar.

Dritte Auflage

www.wallstein-verlag.de

Vom Verlag gesetzt aus der Monotype Baskerville
Umschlag: Marion Wiebel, Wallstein Verlag
Druck und Verarbeitung:
Memminger MedienCentrum AG, Memmingen
Gedruckt auf alterungsbeständigem Papier

ISBN 978-3-8353-3024-5